LA CULTURE
DU NOUVEAU CAPITALISME

DU MÊME AUTEUR

Dans la même collection :

Respect. De la dignité de l'homme dans un monde d'inégalité, 2005.

Chez d'autres éditeurs :

Le Travail sans qualités. Les conséquences humaines de la flexibilité, 10/18, 2004.
La Chair et la pierre. Le corps et la civilisation occidentale, Éd. de la Passion, 2003.
Une soirée Brahms, Fayard, 1985.
Les Grenouilles de Transylvanie, Fayard, 1984.
La Famille contre la ville. Les classes moyennes de Chicago à l'ère industrielle, 1872-1890, Recherches, 1980.

RICHARD SENNETT

LA CULTURE DU NOUVEAU CAPITALISME

Traduit de l'anglais (États-Unis)
par Pierre-Emmanuel Dauzat

HACHETTE
Littératures

Collection fondée par Georges Liébert
et dirigée par Joël Roman

ISBN : 978-2-01-279358-3

Ouvrage paru en première édition dans la collection
« Bibliothèque Albin Michel Idées »,
dirigée par Hélène Monsacré.

Ce livre est le fruit des Castle Lectures in Ethics, Politics and Economics, données par Richard Sennett à l'Université de Yale en 2004.

Les Castle Lectures ont été dotées par John K. Castle. Elles honorent son ancêtre, le révérend James Pierpont, l'un des fondateurs de Yale. Données par des personnalités reconnues, les Castle Lectures sont destinées à promouvoir la réflexion sur les fondements moraux de la société et de l'État et à renforcer l'intelligence des problèmes éthiques auxquels sont confrontés les individus dans une société moderne complexe.

Avant-propos

Voici quelques années, l'Université de Yale m'a demandé de rassembler les recherches et les écrits sur le travail que j'avais produits au fil des ans. On m'a fait croire que les choses seraient simples : présenter une vue d'ensemble, en trois conférences, dans le cadre des Castle Lectures, à Yale. J'aurais dû m'en douter : l'entreprise se révéla tout sauf simple, et elle ne devait pas porter seulement sur le travail, il s'en faut de beaucoup.

Je tiens à remercier John Kulka, de Yale University Press, et surtout Monika Krause, mon assistante, de m'avoir aidé à répondre à cette demande.

Introduction

Voici un demi-siècle, dans les années 1960 – dans cette époque fabuleuse de liberté sexuelle et de libre accès aux drogues –, de jeunes gauchistes à l'esprit de sérieux visaient les institutions, en particulier les grandes sociétés et les grandes administrations publiques, dont la taille, la complexité et la rigidité paraissaient tenir les individus dans une poigne de fer. La Déclaration de Port Huron, document fondateur de la Nouvelle Gauche en 1962, était également rude envers le socialisme d'État et les multinationales; les deux régimes avaient tout l'air de prisons bureaucratiques.

L'histoire a partiellement exaucé les vœux des inspirateurs du texte. Le régime socialiste des plans quinquennaux et de la centralisation économique a disparu. Tout comme l'entreprise capitaliste qui offrait aux salariés des emplois à vie, et qui offrait année après année les mêmes biens et services. Quant aux services sociaux comme la Santé et l'Éducation, ils sont devenus moins rigides et se sont faits plus modestes. L'objectif des dirigeants aujourd'hui, comme des gauchistes voici cinquante ans, est de démanteler les bureaucraties rigides.

Reste que l'histoire a exaucé les vœux de la Nouvelle Gauche sous une forme perverse. Les insurgés de ma jeunesse croyaient qu'en démantelant des institutions ils pourraient produire des communautés : des relations face-à-face de confiance et de solidarité, des relations constamment négociées et renouvelées, un champ communautaire où chacun deviendrait sensible aux besoins d'autrui. On est loin du compte. La fragmentation des grandes institutions a laissé la vie de plus d'un dans un état fragmentaire : les lieux de travail ressemblent davantage à des gares de chemin de fer qu'à des villages, tandis que la vie familiale est désorientée par les exigences du travail ; la migration est l'icône de l'âge de la mondialisation. On ne s'installe plus, on déménage. L'éclatement des institutions n'a pas produit davantage de communauté.

Si vous êtes enclin à la nostalgie – quelle âme sensible ne l'est pas ? –, vous trouverez dans cet état de choses un motif de regret supplémentaire. Les cinquante dernières années ont pourtant été une période de création de richesse sans précédent, en Asie et en Amérique latine aussi bien que dans le Nord : toute une génération de richesse nouvelle profondément liée au démantèlement de bureaucraties publiques et privées figées. De la même façon, la révolution technique de la dernière génération n'a nulle part été plus florissante que dans les institutions où le contrôle central est le moins marqué. Cette croissance se paie au prix fort : une inégalité économique et une instabilité sociale sans cesse accrues. Toujours est-il qu'il serait irrationnel de penser que cette explosion économique n'aurait jamais dû se produire.

C'est ici que la culture entre en scène. J'entends « culture » dans son acception anthropologique, plutôt qu'artistique. Quelles valeurs et quelles pratiques peuvent souder les gens quand les institutions dans lesquelles ils vivent se fragmentent ? Ma génération a péché par manque d'imagination pour répondre à cette question en faisant valoir les vertus de la petite communauté. La communauté n'est pas le seul ciment d'une culture ; à l'évidence, les inconnus, dans une ville, habitent une culture commune, lors même qu'ils ne se connaissent pas. Mais le problème de la culture sous-jacente est plus qu'une question de taille.

Seul un genre particulier d'être humain peut prospérer dans des conditions sociales instables et fragmentaires. Cet homme idéal – ou cette femme – doit relever trois défis.

Le premier a trait au temps : comment gérer les relations à court terme, et se gérer soi-même, tout en migrant sans cesse d'une tâche, d'un emploi ou d'un lieu de travail à l'autre. Si les institutions n'offrent plus de cadre à long terme, il peut incomber à l'individu d'improviser son récit de vie, s'il n'est pas obligé de se passer de tout sentiment durable du moi.

Le deuxième défi concerne le talent : comment acquérir de nouvelles compétences ? Comment exploiter des capacités potentielles au gré des exigences de la réalité ? En pratique, dans l'économie moderne, les compétences ont la vie brève. On n'est jamais très longtemps à l'abri. Dans la technique et les sciences, comme dans les formes de fabrication avancées, les travailleurs doivent se recycler en moyenne tous les huit à douze ans. Le talent n'est pas une affaire de culture. L'ordre social émergent va contre l'idéal du métier, qui consiste à apprendre à faire une seule chose vraiment bien ; cet engagement peut souvent se révéler économiquement destructeur. En lieu et place du métier, la culture moderne avance une idée de méritocratie qui célèbre le potentiel plutôt que le bilan.

Le troisième défi en procède. Il concerne la reddition : comment laisser filer le passé ? Le patron d'une entreprise dynamique affirmait dernièrement que nul n'est propriétaire de sa place dans son organisation, que les services rendus par le passé ne garantissent aucunement son poste à un employé. Comment apporter une réponse positive à cette affirmation ? Cela requiert un trait de personnalité bien particulier, qui tient pour quantité négligeable les expériences passées. Ce trait de personnalité fait davantage penser au consommateur toujours avide de nouveautés, mettant au rebut des produits anciens même quand ils sont parfaitement utiles, plutôt qu'au propriétaire qui veille jalousement sur ce qu'il possède déjà.

Ce que j'entends montrer, c'est comment la société se met en quête de cet idéal d'homme ou de femme. Et je m'aventurerai au-delà des attributions du chercheur en portant un jugement sur cette quête. Un moi axé sur le court terme, focalisé sur le potentiel, abandonnant volontiers l'expérience passée est – pour présenter les choses sous un jour flatteur – un être humain d'un genre inhabituel. La plupart des gens ne sont pas ainsi ; ils ont besoin d'un récit de vie durable, ils s'enorgueillissent de bien faire quelque chose de précis, et ils prisent les expériences qu'ils ont vécues. L'idéal culturel que nécessitent les nouvelles institutions porte donc tort à nombre de gens qui les peuplent.

*

Je dois dire au lecteur un mot du type de recherche qui me conduit à porter ce jugement. J'ai fait mienne la critique de la bureaucratie par la Nouvelle Gauche jusqu'à la fin des années 1960, date à laquelle je me suis mis à interroger des familles ouvrières blanches de Boston : des immigrés de la deuxième ou troisième génération dans cette ville. (Il en est résulté un livre, *The Hidden Injuries of Class*, que j'ai cosigné avec Jonathan Cobb.) Loin d'être opprimés par la bureaucratie, ces gens étaient liés par de solides racines institutionnelles. Des syndicats stables, de grandes sociétés et des marchés relativement fixes étaient là pour les orienter ; dans ce cadre, les hommes et les femmes de la classe ouvrière tâchaient de donner un sens à leur position sociale modeste dans un pays censé faire peu de distinctions de classe.

Après cette étude, j'ai délaissé un temps le thème du travail. Il semblait que le grand capitalisme américain eût atteint un plateau triomphant et qu'à ce niveau la classe ouvrière continuerait de vivre dans les sillons fixes qui étaient les siens. Je n'aurais guère pu me tromper davantage. L'effondrement des accords monétaires de Bretton Woods, après la crise pétrolière de 1973, se solda par un affaiblissement des contraintes nationales sur l'investissement; les sociétés se redéployèrent à leur tour pour satisfaire une nouvelle clientèle internationale d'investisseurs : des investisseurs plus avides de profits à court terme liés au cours des actions que de profits à long terme sous forme de dividendes. De la même façon, les emplois commencèrent vite à traverser les frontières, tout comme la consommation et les communications. Dans les années 1990, le progrès des microprocesseurs aidant, le vieux rêve ou cauchemar de l'automation commença de devenir une réalité pour le travail tant manuel qu'administratif : il devenait enfin moins cher d'investir dans des machines que de payer des gens pour travailler.

Je suis donc retourné interroger des travailleurs, non plus des manuels, cette fois, mais plutôt des membres des classes moyennes, qui se trouvaient à l'épicentre de l'essor mondial des industries de haute technologie, des services financiers et des médias. (Tel est le sujet de mon livre, *Le Travail sans qualités.*) L'occasion m'était donnée de voir l'idéal culturel du nouveau capitalisme sous sa forme la plus robuste, le boom suggérant que ce nouvel homme ou cette nouvelle femme s'enrichirait en pensant à court terme, en développant son potentiel et en ne regrettant rien. Au lieu de quoi j'ai trouvé un fort contingent de membres des classes moyennes qui avaient le sentiment que leur vie était à la dérive.

À la fin des années 1990, le boom commença d'avoir des ratés, comme il est normal dans tout cycle économique. Avec le ralentissement de l'économie, cependant, il est devenu évident que l'emballement de la croissance mondiale avait laissé des traces durables sur les institutions non économiques, en particulier celles de l'État-providence. Cette empreinte est autant culturelle que structurelle. Les valeurs de la nouvelle économie sont devenues un point de référence pour les gouvernements quand ils se penchent sur la dépendance et l'autogestion en matière de soins de santé et de pensions, mais aussi sur le genre de compétences qu'offre le système éducatif. Ayant fait mon chemin *on welfare*, comme disent les Américains, grâce à l'aide sociale, le nouveau modèle culturel formait, à mes yeux, un contraste marqué avec la culture des ensembles de logements sociaux de Chicago où j'ai passé mon enfance. (Cette marque est le sujet de mon livre, *Respect. De la dignité de l'homme dans un monde d'inégalité.*)

Dans ce livre, je me suis efforcé d'éviter de simplement résumer ce que j'ai écrit auparavant. Dans mes études antérieures, j'ai négligé le rôle de la consommation dans la nouvelle économie ; j'essaie ici, sommairement, d'étudier en quoi les nouvelles formes de consommation diminuent la possessivité et les conséquences politiques qui s'ensuivent. Il m'a fallu réfléchir plus sérieusement que par le passé aux rapports de force et à l'autorité dans le travail. En me retournant sur le passé, j'ai été amené à sonder l'avenir, à entreprendre d'explorer l'esprit du métier en matière de travail mental et manuel.

Par-dessus tout, j'ai dû repenser le caractère américain de ma recherche. Dans les années 1970, l'Amérique dominait l'économie mondiale ; et, dans les années 1990, même si la population du monde entier se trouvait impliquée dans le processus, c'est elle qui conduisit les changements institutionnels qui produisirent une économie d'un nouveau genre. Les chercheurs américains imaginent ainsi aisément que les mots *américain* et *moderne* sont interchangeables. Cette chimère n'est plus défendable. La voie chinoise de la croissance est très différente de celle des États-Unis, et plus puissante. L'économie de l'Union européenne pèse plus lourd que celle de l'Amérique. À certains égards, elle est aussi plus efficace, même dans ses nouveaux États membres, et là encore sans imiter l'Amérique.

Les lecteurs étrangers de mes derniers livres ont eu tendance à y trouver des raisons de rejeter une façon américaine de travailler que les autres pays suivraient à leurs risques et périls. Tel n'est pas tout à fait le but que je visais. Les changements structurels que je décris manquent assurément de frontières nationales ; le déclin de l'emploi à vie, par exemple, n'est pas un phénomène américain. Ce qui est « culturel », ce sont les façons bien particulières dont les Américains comprennent les changements qui ont affecté la vie matérielle.

Un stéréotype veut que les Américains soient des concurrents agressifs en affaires. Au-delà de ce stéréotype, se profile une mentalité différente, plus passive. Les Américains des classes moyennes que j'ai interrogés au cours des dix dernières années ont eu tendance à accepter le changement structurel avec résignation, comme si la perte de sécurité de l'emploi et la gestion des écoles à la manière des entreprises étaient inévitables : on ne peut pas faire grand-chose face à ces mouvements de fond, même s'ils vous lèsent. Le démantèlement des grandes institutions que je décris n'est cependant pas un commandement de Dieu. Au demeurant, ce n'est pas encore la norme dans le travail américain ; la nouvelle économie n'est encore qu'une petite partie de l'économie dans son ensemble. Par son tranchant, elle exerce une très grande force morale et normative sur le cours que suivra l'économie en général. Mon espoir est que les Américains traitent cette économie comme les étrangers sont enclins à la voir : une proposition de changement qui, comme toute proposition, appelle une critique rigoureuse.

*

À cet égard, le lecteur ne doit pas perdre de vue le tour d'esprit critique des ethnographes. Nous passons des heures à écouter les gens, seuls ou en groupe, s'expliquer, exprimer leurs valeurs, leurs craintes et leurs espoirs. Au fil des heures, toutes ces questions sont reformatées et révisées du fait même qu'ils en parlent. L'ethnographe vigilant doit prêter attention à ce qui amène les gens à se contredire ou, de la même façon, aux raisons qui conduisent leur compréhension à se fourvoyer dans une impasse. L'intervieweur n'entend pas un exposé lacunaire, mais écoute plutôt une investigation subjective de la complexité sociale. Toutes les ambiguïtés, déformations et difficultés qui apparaissent dans le discours de quelqu'un expliquant sa Foi, la Nation ou sa Classe définissent l'intelligence qu'il a de la culture.

Cet art du sociologue est tout à la fois éminemment adapté et inadapté pour dévoiler le sens de l'innovation aujourd'hui. Adapté, parce que l'insistance de la société sur la circulation et le flux recoupe le processus même de l'interprétation. Inadapté, parce que la plupart des sujets se prêtent à des interviews approfondies à seule fin de parvenir à des conclusions, d'arriver à une explication de leur place dans le monde. La fluidité frustre ce désir; les propositions idéologiques sur la façon de prospérer dans « le nouveau » se révèlent fuyantes, dès lors que les gens y réfléchissent assez longtemps.

Répondant à l'invitation de Yale à décrire la culture du nouveau capitalisme, il m'a donc fallu réfléchir aux limites de mon art et aux frustrations de l'enquête subjective. J'ai donc pris la grande et impardonnable liberté de parler pour les gens que j'ai interrogés au fil des ans; je me suis efforcé de synthétiser ce qu'ils pensent. En m'octroyant cette liberté, j'ai conscience d'escamoter ce qui est peut-être le problème culturel le plus fondamental : la réalité sociale moderne demeure largement illisible à ceux qui essaient d'en dégager le sens.

Les chapitres qui suivent traitent de trois sujets : comment changent les institutions; en quoi les peurs de devenir surnuméraire ou d'être laissé sur la touche sont liées au talent dans la « société de compétences » *(skills society)*; en quoi le comportement de consommation affecte les attitudes politiques. Les changements institutionnels sur le lieu de travail que je décris ne se rapportent en réalité qu'à l'arête tranchante de l'économie : techniques de pointe, finances mondiales et nouvelles sociétés de services avec trois mille employés ou plus. La plupart des salariés, en Amérique du Nord et en Europe de l'Ouest, ne travaillent pas pour des entreprises de ce genre. Cette petite tranche de l'économie n'en a pas moins une influence culturelle sans commune mesure avec ses effectifs. Ces nouvelles institutions suggèrent la nouvelle formulation des compétences et capacités personnelles ; la formule combinée de l'institution et de la capacité façonne la culture de la consommation ; le comportement du consommateur influence à son tour la politique, notamment du côté progressiste. J'infère sans vergogne la culture du tout d'une petite partie de la société, pour la simple et bonne raison que les avatars d'une forme de capitalisme bien particulière ont persuadé quantité de gens que leur voie est celle de l'avenir.

À en croire les apôtres du nouveau capitalisme, leur version de ces trois sujets – travail, talent, consommation – équivaut à davantage de liberté dans la société moderne, une liberté fluide, une « modernité liquide », suivant la formule heureuse du philosophe Zygmunt Bauman[1]. Ma querelle ne porte pas sur la question de savoir si leur version du nouveau est réelle ; les institutions, les compétences et les formes de consommation ont bel et bien changé. Ma thèse est que ces changements n'ont pas libéré les individus.

1. Zygmunt BAUMAN, *Liquid Modernity*, Cambridge, Polity Press, 2000.

1.
Bureaucratie

La nouvelle page du présent

Mieux vaut commencer par étayer le contraste entre l'ancien et le nouveau. D'emblée, nous sommes pris au dépourvu. « Tout ce qui était solide, bien établi, se volatilise », écrivait Marx, d'une formule mémorable, à propos du capitalisme, voici cent soixante ans[1]. Sa version de la « modernité liquide » procédait d'une idéalisation du passé. Elle reflétait, pour une part, la nostalgie des rythmes séculaires de la campagne, que Marx lui-même n'a jamais connus de première main. De même déplorait-il la disparition des corporations prémodernes et la vie réglée des bourgeois dans les villes, qui eussent scellé le glas de son propre projet révolutionnaire.

L'instabilité, depuis le temps de Marx, peut apparaître comme la seule constante du capitalisme. Les soubresauts des marchés, le ballet rapide des investisseurs, l'essor soudain, la chute et le déplacement des usines, la migration massive

1. Karl Marx et Friedrich Engels, *Le Manifeste communiste*, trad. Maximilien Rubel et Louis Évrard, in K. Marx, *Œuvres, Économie I*, éd. M. Rubel, Paris, Gallimard, « Bibliothèque de la Pléiade », 1965, p. 164.

d'ouvriers en quête de meilleures places ou d'un travail : ces images de l'énergie du capitalisme ont envahi le XIXe siècle pour être évoquées, à l'aube du siècle dernier, dans une autre formule célèbre, cette fois du sociologue Joseph Schumpeter : la « destruction créatrice[2] ». De nos jours, l'économie moderne paraît précisément déborder de cette énergie instable du fait de la propagation mondiale de la production, des marchés et de la finance, mais aussi de l'essor de nouvelles technologies. Aujourd'hui, pourtant, les personnes qui contribuent à produire ces changements prétendent que, loin d'être plongés dans un surcroît de troubles, nous écrivons plutôt une nouvelle page de l'histoire.

Les contrastes noir et blanc sont toujours suspects, surtout quand ils suggèrent un progrès. Prenons la question de l'inégalité. En Grande-Bretagne, juste avant la crise agricole des années 1880, quatre mille familles possédaient 43 % de la richesse de la nation. Dans les deux dernières décennies du XXe siècle, le contexte de l'inégalité était différent, mais celle-ci n'était pas moins prononcée. Tant en Grande-Bretagne qu'aux États-Unis, la richesse des 20 % des familles les plus riches s'est accrue au cours de ces décennies ; celle des 10 % supérieures a connu une forte expansion et celle des 1 % du sommet une croissance exponentielle. Si les immigrés, à la base, se sont aussi enrichis, les revenus des trois cinquièmes de la population américaine, au milieu de l'échelle, ont stagné. Une étude récente de l'Organisation internationale du Travail affine ce tableau des inégalités : alors que l'inégalité des revenus s'est accrue au cours des années 1990, la perte de parts de richesse a été très prononcée chez les travailleurs à temps partiel ou

---

2. Joseph SCHUMPETER, *Capitalism, Socialism and Democracy*, New York, Harper, 1975, p. 82-85 ; en français, *Capitalisme, socialisme et démocratie*, trad. G. Fain, Paris, Payot, 1990, p. 113-120.

sous-employés. La montée des inégalités affecte aussi la population âgée sur tout le spectre américano-britannique[3].

Un autre trait trompeur de ce tableau tout en noir et blanc consiste à supposer que les sociétés stables sont économiquement stagnantes. Tel n'était pas le cas de l'Allemagne avant la Première Guerre mondiale ni de l'Amérique après la Seconde ; et ce n'est pas non plus le cas aujourd'hui dans des petites économies comme celles de la Norvège et de la Suède. Malgré la propension des Nordiques à l'introspection morose, la bordure septentrionale de l'Europe a réussi à associer la croissance à une relative stabilité et a préservé une répartition plus équitable de la richesse tout en assurant un niveau de qualité de vie généralement plus élevé que la Grande-Bretagne et l'Amérique.

Le « nouveau » le plus contestable est peut-être la mondialisation. Le sociologue Leslie Sklair a soutenu, avec une profusion de détails économiques, que la mondialisation a simplement étendu la multinationale du milieu du XXe siècle[4]. Pour lui, les Chinois pourraient bien finir par jouer le rôle que les multinationales américaines ont joué autrefois, mais le jeu reste foncièrement le même. À l'opposé, les tenants de la nouvelle page invoquent une multitude d'autres faits matériels indubitables : l'essor d'immenses métropoles liées d'elles-mêmes à l'économie mondiale, mais aussi les innovations touchant la technologie des communications et les transports. De ce fait, les lieux de vie, les façons d'entrer en contact avec les autres et les formes de circulation des biens ne sont plus ce qu'ils étaient.

Ce débat ne porte pas sur la seule situation économique. La multinationale se mêlait parfois à la vie politique de l'État-

3. Socio-Economic Security Programme, *Economic Security for a Better World*, Genève, OIT, 2004.

4. Leslie SKLAIR, *Globalization : Capitalism and Its Alternatives*, Oxford, Oxford University Press, 2002.

nation. Aujourd'hui, soutiennent les tenants de la thèse de la nouvelle page, la société globale compte des investisseurs et des actionnaires à travers la terre entière et sa structure de propriété est trop complexe pour servir des intérêts nationaux uniques : le géant du pétrole Shell, par exemple, s'est libéré des contraintes politiques tant hollandaises que britanniques. Dans la vision la plus radicale de l'unicité de notre époque, les nations sont en passe de perdre leur valeur économique.

Je tiens à mettre l'accent sur un problème actuel qui est peut-être moins familier. Il s'agit d'un argument relatif aux institutions.

Suivant la thèse de la nouvelle page, Marx se serait trompé sur l'histoire du capitalisme. (Le mot *capitalisme* lui-même est une construction ultérieure du sociologue Werner Sombart.) Marx s'est précisément fourvoyé en croyant à une destruction créatrice constante. Dans l'idée de ses détracteurs, le système capitaliste ne tarda pas à s'ossifier en une coquille coriace ; au départ, les routines de l'usine se mêlaient à l'anarchie des marchés boursiers, mais, à la fin du XIXe siècle, l'anarchie avait reculé et la coquille durcie de la bureaucratie des entreprises était devenue plus épaisse encore. C'est aujourd'hui seulement que la coquille s'est fissurée. Cette vision du passé ne manque pas de fondements concrets, même si la situation n'est pas tout à fait celle que présentent les fervents de la nouvelle page.

Les usines du début du XIXe siècle associaient certainement une routine abrutissante à l'instabilité de l'emploi ; non seulement les ouvriers n'étaient pas protégés, mais les entreprises elles-mêmes étaient souvent mal structurées et donc sujettes à un effondrement soudain. Suivant une estimation, 40 % des ouvriers valides étaient au chômage à Londres en 1850 ; le taux de faillite des nouvelles entreprises culminait à 70 %. La plupart des entreprises des années 1850 ne publiaient pas de résultats d'activité, si tant est qu'elles les eussent réunis, et les procédures comptables n'étaient souvent que de simples déclarations de pertes et de profits. Il fallut attendre la fin du XIXe siècle pour avoir une intelligence statistique du cycle économique. Tel était le genre de données que Marx avait présentes à l'esprit quand il décrivait l'instabilité matérielle et mentale de l'ordre industriel.

Or, ce capitalisme « primitif » était bel et bien trop primitif pour survivre socialement et politiquement ; le capitalisme primitif était le meilleur moyen de fomenter une révolution. En l'espace d'un siècle, des années 1860 aux années 1970, les sociétés ont appris l'art de la stabilité, assurant la longévité des entreprises et accroissant le nombre des employés. Ce n'est pas le marché de concurrence qui a accompli ce changement stabilisateur, mais plutôt l'organisation interne des entreprises qui a joué un rôle plus significatif. Elles ont échappé à la révolution en appliquant au capitalisme des modèles d'organisation militaires.

C'est à Max Weber que nous devons l'analyse de la militarisation de la société civile à la fin du XIXe siècle avec ses entreprises opérant de plus en plus comme des armées dans lesquelles tout le monde avait une place et chaque place une fonction définie[5].

Jeune homme, Max Weber assista, avec des émotions mélangées, à l'essor d'une nouvelle Allemagne unifiée. L'armée prussienne jouissait depuis des siècles d'une légendaire réputation d'efficacité. Tandis que maintes armées européennes continuaient de vendre des places à des officiers, quel que fût leur talent, et à donner aux simples soldats une formation rudimentaire, l'armée prussienne s'appliqua à mettre de l'ordre dans tout cela. Sa chaîne de commandement était plus serrée que celle de ses homologues français et britanniques ; elle définissait avec plus de rigueur logique les devoirs de chaque échelon dans la chaîne du commandement. Dans l'Allemagne d'Otto von

5. Max WEBER, *Economy and Society*, Berkeley, University of California Press, 1978, vol. 2, p. 1156.

Bismarck, on commença d'appliquer ce modèle militaire aux entreprises et aux institutions de la société civile, avant tout, dans l'esprit du chancelier, au nom de la paix et afin de prévenir la révolution. Si pauvre qu'il puisse être, l'ouvrier qui sait sa position assise est moins enclin à se révolter que le travailleur incapable de se situer dans la société. Telle était la politique fondatrice de ce qu'on peut appeler le capitalisme social.

Dans ses premières analyses de l'économie, Schumpeter montra, paradoxalement, qu'avec l'essor de ce capitalisme social militarisé l'entreprise devint rentable. Il en allait ainsi parce que, si la soif de profit rapide demeurait, les investisseurs étaient aussi avides de résultats à long terme plus prévisibles. À la fin du XIXe siècle, le vocabulaire des décisions d'investissement commença pour de bonnes raisons à prendre un tour militaire : on se mit à invoquer les campagnes d'investissement et la réflexion stratégique sans oublier l'idée d'analyse des résultats chère au général Carl von Clausewitz. Les profits soudains s'étaient révélés illusoires, en particulier dans les chantiers d'infrastructure comme les chemins de fer et les réseaux de transport urbains. Au XXe siècle, les travailleurs se joignirent au processus de planification stratégique ; leurs sociétés de crédit et leurs syndicats visaient également à stabiliser et à garantir la position des travailleurs.

L'administration s'efforçait de restaurer les profits que les marchés compromettaient. Elle paraissait plus *efficace* que ces derniers. La « quête de l'ordre », pour reprendre l'expression de l'historien Robert Wiebe, se propagea des entreprises au gouvernement puis à la société civile. Quand la leçon de profit stratégique entra dans les idéaux du gouvernement efficace, le statut des fonctionnaires s'éleva ; leurs pratiques administratives se trouvèrent toujours mieux isolées des oscillations politiques[6]. Dans la société civile proprement dite, on assista à une

6. Robert H. WIEBE, *The Search for Order*, New York, Hill and Wang, 1967.

normalisation croissante des écoles, dans leurs activités comme dans leur programme ; les professions s'organisèrent pour mettre de l'ordre dans l'exercice de la médecine ou du droit et la pratique des sciences. Pour Max Weber, toutes ces formes de rationalisation de la vie institutionnelle, initialement issues d'une source militaire, devaient déboucher sur une société dont les normes de fraternité, d'autorité et d'agression étaient également de caractère militaire, quand bien même les civils n'avaient sans doute pas conscience de penser comme des soldats. Observateur des temps modernes, Weber redoutait ce qui devait effectivement se produire : un XXe siècle dominé par l'éthos de la lutte armée. En tant que spécialiste d'économie politique, il lui semblait que l'armée était un modèle de modernité plus conséquent que le marché.

Le temps est au cœur de ce capitalisme militaire et social : un temps à long terme, incrémentiel et, par-dessus tout, prévisible. Cette imposition bureaucratique a affecté les individus aussi bien que les réglementations institutionnelles. Le temps rationalisé a permis aux individus d'envisager leur vie comme un récit – non pas tant de ce qui va nécessairement arriver, mais de la façon dont les choses doivent se passer. Il est devenu possible, par exemple, de définir ce à quoi devraient ressembler les étapes d'une carrière, de corréler le service à long terme dans une entreprise à des degrés spécifiques d'accroissement de la richesse. Quantité de travailleurs manuels purent pour la première fois prendre des dispositions en vue d'acheter une maison. La réalité des soubresauts et des opportunités économiques empêchait cette réflexion stratégique. Dans le flux du monde réel, en particulier dans le flux du cycle économique, la réalité ne se conformait bien entendu à aucun plan, mais l'idée même d'être capable de planifier définissait le champ de l'activité et du pouvoir individuels.

La rationalisation du temps marque en profondeur la vie subjective. Le mot allemand *Bildung* désigne un processus de formation personnelle qui prépare un jeune à la conduite de sa vie entière. Si au XIXe siècle la *Bildung* acquit un tour institutionnel, au XXe les résultats devinrent concrets. Divers ouvrages les exposèrent au milieu du siècle : *L'Homme de l'organisation*, de William Whyte; *Les Cols blancs*, de C. Wright Mills, et *Le Phénomène bureaucratique*, de Michel Crozier. Dans la vision qu'a Whyte de la *Bildung* bureaucratique, la stabilité de la fin prend plus d'importance que les brusques explosions d'ambition au sein de l'organisation, qui ne donnent que des gratifications à court terme. Dans son analyse de la *Bildung* au sein des sociétés françaises, Crozier insiste sur l'échelle en tant qu'objet d'imagination qui organise la façon même dont l'individu se comprend; on s'élève, on descend ou on fait du surplace, mais il y a toujours un barreau sur lequel mettre le pied.

Suivant la thèse de la nouvelle page, les institutions qui permettaient de penser ainsi en termes de récit de vie se sont désormais « volatilisées ». La militarisation du temps social se délite. Cette thèse se fonde sur un certain nombre de faits sociaux patents. La fin de l'emploi à vie en est un, de même que le déclin des carrières passées dans une seule et même institution; pareillement, dans le domaine public, les filets de protection sociale et de sécurité sont devenus plus à court terme et plus erratiques. Le gourou de la finance, George Soros, résume ces changements en expliquant que les gens n'entretiennent plus des « relations » les uns avec les autres, mais procèdent à des « transactions »[7]. Pour d'autres, l'immense croissance de l'économie mondiale n'est possible qu'en raison de la moindre cohérence des contrôles institutionnels des flux de biens, de services et de main-d'œuvre; ainsi ont-ils permis à des nombres sans précédent d'immigrés de grossir les écono-

7. George SOROS, *The Crisis of Global Capitalism : Open Society Endangered*, Londres, Little Brown, 1998; en français, *La Crise du capitalisme mondial. L'intégrisme des marchés*, trad. H. Prouteau, H. Guiod et F. Israël, Paris, Plon, 1999.

mies dites « grises » des métropoles. Selon d'autres encore, l'effondrement de l'Union soviétique, en 1989, a eu raison d'un ordre institutionnel où il était devenu impossible de distinguer le règlement militaire de la société civile.

Ce débat concernant le temps institutionnalisé porte autant sur la culture que sur l'économie et la politique. Il tourne autour de la *Bildung*. Peut-être puis-je suggérer comment, en me référant à ma propre expérience de chercheur.

Quand je suis allé interviewer des programmeurs dans la Silicon Valley, au début des années 1990, ils semblaient grisés par les possibilités de la technique ainsi que par les perspectives d'un enrichissement soudain. Émules de Bill Gates chez Microsoft, nombre de ces jeunes programmeurs avaient abandonné des carrières universitaires pour concevoir des logiciels. Leurs bureaux anonymes, au sud de San Francisco, empestaient la pizza rance ; futons et sacs de couchage jonchaient le sol. Ils avaient le sentiment d'être à la lisière d'un bouleversement capital : les anciennes règles, me serinait-on, avaient cessé de s'appliquer. Ceux qui investissaient dans leurs projets paraissaient aussi le penser ; des sociétés sans bénéfices s'envolaient du jour au lendemain pour s'effondrer tout aussi vite ; les banquiers se remettaient en route. Les jeunes *techies* avaient une tournure d'esprit très différente de celle des jeunes bureaucrates dépeints dans les pages de Whyte et de Crozier. La stabilité des fins ne leur inspirait que mépris et quand ils échouaient, ce qui leur arrivait souvent, ils faisaient comme les banquiers : ils allaient tout simplement voir ailleurs. C'est leur tolérance de l'échec qui m'impressionna le plus : celui-ci semblait n'avoir pour eux aucune implication personnelle.

Quand la bulle Internet a explosé, en 2000, et que la prudence a commencé de gouverner la Silicon Valley, ces jeunes gens ont découvert ce que signifiait réellement remplir une page nouvelle. Soudain, les jeunes programmeurs se sont sentis seuls. Telle était la réaction la plus courante. « Personne ne veut plus rien savoir de vous, me dit l'un d'eux. Ils ont trop entendu d'idées de génie auparavant. » « La "scène" s'est déplacée à Boston, observa un autre, vers les biotechnologies, et ce n'est pas mon domaine. » Esseulés, ils ont brutalement découvert le temps : le temps informe qui les avait grisés auparavant, l'absence de règles à suivre pour aller de l'avant. Leur nouvelle page était vierge. Dans ces limbes, isolés, sans récits de vie, ils ont fait l'expérience de l'échec.

Cette découverte, pourrait-on dire, n'est pas très différente de celle du machiniste dont le métier a disparu ; ou, d'une autre façon, de celle de l'étudiant tenté de suivre un cycle d'études sur les médias quand il sait que des millions de jeunes sont pareillement tentés. Tous sont confrontés à la même perspective de dérive.

C'est au regard de cette perspective de dérive et d'esseulement qu'il nous faut sonder la différence culturelle entre l'ancien et le nouveau ; la fracture culturelle nous entraîne au cœur de la vie des institutions.

Le capitalisme social

Max Weber analysa, admira et craignit tout à la fois une solution intérieure à l'ordre social fondée sur la forme militaire. En tant qu'analyste, il comprit que le modèle prussien engageait le capitalisme sur une autre voie que Marx ne l'avait prévu. Mais à quoi ressemblerait la vie dans ce cadre ? De même qu'une armée bien conduite est vouée à survivre à des défaites sur le terrain, une entreprise bien gérée devait être organisée de manière à survivre aux fluctuations du marché. Au-delà même des frontières de l'Allemagne, Weber voyait des preuves de cette proposition : aux États-Unis, les puissants trusts verticaux et monopoles étouffaient la concurrence ; leurs patrons, comme Andrew J. Carnegie et John D. Rockefeller, se conduisaient comme des généraux.

Le génie de ce système réside précisément dans l'organisation de sa chaîne de commandement. Depuis le temps d'Adam Smith, les managers ont une idée claire du fonctionnement de la division du travail. Le modèle smithien étudiait la décomposition d'une tâche complexe en diverses parties afin de produire efficacement une voiture ou un fromage. La rapidité avec laquelle on pouvait produire un bien était un indicateur grossier de l'efficacité, mais le véritable test de la production smithienne avait lieu sur le marché : pouvait-on produire plus rapidement que la concurrence quantités de choses que d'autres gens souhaitaient acheter ? Tandis que la division du travail règnait dans les armées, Weber prit conscience que la concurrence et l'efficacité revêtaient un caractère différent dans la vie militaire.

Sur le champ de bataille, les soldats vont tout perdre, et ces soldats doivent être disposés à obéir même s'ils se savent condamnés à mourir. Dans les armées, parmi les soldats, la solidarité doit être absolue. Pour qu'une armée reste soudée, les fonctions de chaque rang doivent être claires et précises ; peu importe qui vit pour les assumer, peu importe que l'armée gagne ou perde. C'est cette nécessité militaire qui inspira à Max Weber son analyse du « devoir » ou de la « charge » administrative dans la vie intérieure : il applique le même mot à tout le monde, du concierge au patron d'une grande administration.

Il en va dans une grande bureaucratie comme à l'armée : la réalité du pouvoir a une forme pyramidale. La pyramide est « rationalisée » : autrement dit, chaque bureau, chaque élément, a une fonction définie. À mesure qu'on s'élève dans la chaîne de commandement, le nombre de gens aux commandes est toujours plus réduit. Inversement, plus on descend, moins les gens ont de pouvoir, et plus ils peuvent être nombreux. Faire bien son travail, c'est exécuter sa tâche, et pas une autre. Dans le modèle libéral attaché au nom de Smith, on prospère en faisant plus que prévu ; dans le modèle militaire wébérien, qui sort du rang est puni.

Dans ce dernier modèle, le temps est crucial : les fonctions sont fixes, statiques. Il le faut pour que l'organisation conserve sa cohésion, peu importe qui assume telle ou telle fonction. Reste que, si la structure est faite pour survivre aux turbulences, la pyramide wébérienne a une résonance historique.

Weber était frappé par la force du lien social que Bismarck s'efforçait d'établir chez les travailleurs allemands. Le chancelier et ses ministres promettaient à chacun une place dans le système social. La forme pyramidale permet de tenir cette promesse : grâce à elle, une société peut multiplier les recrues à la base, de même qu'une armée peut absorber toujours plus de fantassins. Pour prendre une image, les structures de cette espèce peuvent devenir obèses au nom de l'intégration sociale : les administrations italienne et indienne en sont de nos jours des illustrations. En tout réalisme, Bismarck engraissait les institutions dans un souci de pacification : éviter les conflits en donnant à chacun une place. La justification politique et sociale d'une administration pléthorique est donc moins l'efficacité que l'intégration.

Weber admirait en partie cette militarisation des institutions pour cette raison : il n'aimait pas la révolution. Et, dans son esprit, la pyramide servait jusqu'à un certain point la justice sociale : chaque fonction définit les talents et les compétences que doit posséder une personne pour être incluse, les obligations qu'elle doit assumer ; en ce sens, la bureaucratie est transparente. Mais il déplorait aussi vivement les conséquences personnelles qu'impliquent la stabilité et la transparence bureaucratiques.

À la fin de son essai le plus célèbre, *L'Éthique protestante et l'esprit du capitalisme*, il laisse paraître sa tristesse. Qui fait carrière dans une institution de ce genre vit dans une « cage de fer[8] ». Passer sa vie dans une de ces organisations rigides équivaut à monter ou à descendre lentement les escaliers dans une maison qu'on n'a pas conçue. On se conforme au modèle de vie qu'un autre a défini pour soi. Dans *L'Éthique protestante*, Weber explique précisément pourquoi une personne l'accepte : les bureaucraties enseignent la discipline de la gratification différée. Au lieu de juger dans l'immédiat de vos activités, vous apprenez à prendre en considération un bénéfice futur qui vous est promis si vous obéissez aux ordres. Or, c'est précisément ici que se creuse un fossé entre l'armée et la pyramide intérieure.

Le militarisme offre une gratification immédiate : servir son pays et être solidaire avec ses compagnons d'arme. En revanche, dans l'idée de Weber, les gratifications et récompenses que promettent les bureaucraties intérieures ne se concrétisent souvent jamais. Il donne à cette frustration un tour subjectif ; qui a appris la discipline de l'ajournement ne peut souvent se permettre d'arriver. De nombreux individus ainsi commandés nourrissent ce sentiment pervers. Quoi qu'ils fassent, ce n'est jamais assez bien. Ils sont incapables de jouir du présent pour ce qu'il est ; l'accomplissement différé devient un mode de vie. Toute l'intuition de Max Weber fut de donner à l'élan subjectif un contexte institutionnel. Gravir les échelons de la bureaucratie peut devenir un mode de vie. Si la cage de fer est une prison, elle peut donc aussi devenir un foyer psychologique.

La pyramide wébérienne est devenue une réalité structurelle au point de dominer les grandes organisations du XXe siècle, mais, psychologiquement, pas tout à fait comme l'envisageait Weber. Les entreprises géantes comme les usines automobiles de General Motors à Willow Run sont devenues des pyramides,

8. Max WEBER, *L'Éthique protestante et l'esprit du capitalisme*, trad. J.-P. Grossein, Paris, Gallimard, 2003, p. 251 (trad. modifiée).

concentrant toute la fabrication en un seul bâtiment de la taille d'une petite ville : les matières premières entraient par une porte, pour ainsi dire, et l'automobile terminée sortait par la porte située à l'autre extrémité. La pyramide a unifié, centralisé, concentré. Dans ces grandes usines et leurs pendants administratifs, la division du travail s'est faite dans un premier temps conformément au modèle d'Adam Smith – Frederick Taylor et les autres spécialistes de l'efficacité cherchant à diriger l'employé par le menu, à régler chacun de ses déplacements et de ses gestes. Ces efforts de mécanisation des êtres humains se sont transportés sur le terrain de Weber, patronat et syndicats s'efforçant de stabiliser et de régulariser ces monstres institutionnels, quitte à sacrifier l'efficacité.

L'État-providence a lui aussi pris la forme d'une pyramide bureaucratique. Suivant les principes de la social-démocratie, les prestations sociales, comme les pensions de retraites et l'éducation, étaient des droits universels ; en pratique, même les systèmes nordiques et britanniques ont obligé leurs clients, s'agissant de leurs besoins, à penser en bureaucrates. Les règles bureaucratiques servaient d'abord et avant tout la bureaucratie : personnes âgées, étudiants, chômeurs et malades – tous furent obligés de se conduire en fonctionnaires au sens wébérien du terme, plutôt qu'en individus avec leurs antécédents propres. Le système s'est toujours plus focalisé sur sa perpétuation et sa stabilité institutionnelles plutôt que sur l'efficacité des prestations.

Que la première moitié du XXe siècle ait été consacrée à la guerre ne saurait, en un sens, surprendre le sociologue, car l'organisation des armées était devenue le modèle même de la société civile. L'expression de « militarisation de la société » est néanmoins trompeuse si l'on imagine qu'elle a produit une masse de travailleurs ou de clients de l'État-providence aveugles, dociles et obéissants. Si Weber avait eu davantage d'expérience de la vie militaire, il aurait compris pourquoi.

Dans une armée, les ordres sont modulés à mesure qu'ils suivent la chaîne du commandement : ce que le général décrète, l'état-major se met à le traduire en pratique, adaptant le commandement aux conditions du terrain ; les sergents, les caporaux et les soldats du rang essaient à leur tour de donner un sens à cet ordre sur leur parcelle de terrain. Tous obéissent, mais tous, également, interprètent. Quand un ordre se traduit en action, le mot-clé est « traduit ». Plus l'armée est grande, plus l'interprétation est nécessaire.

La même médiation caractérise les pyramides intérieures, et telle est précisément une des raisons de l'échec des apôtres de l'efficacité à la Taylor. Ses études de cadences font penser à l'ordre écrit d'un feld-maréchal concernant ce qui devait arriver et comment les choses devaient se faire. Dans les faits, chacun de ces préceptes était interprété et négocié à mesure qu'il descendait les échelons de la structure institutionnelle. Avec une innocence puérile, Taylor se tracassait de voir ses préceptes – tellement clairs et « scientifiques » – maculés et dénaturés dans les sociétés mêmes dont il était consultant. La réalité le laissait tomber.

La modulation interprétative intégrée à toute pyramide est une des raisons pour lesquelles, dans mon travail de terrain préparatoire au *Travail sans qualités*, j'ai rencontré tant d'interlocuteurs qui ne se conformaient pas à la psychologie exposée par Weber pour la cage de fer intérieure. Par exemple, les employés d'IBM, qui avant 1993 fonctionnait comme une armée paternaliste, se sentaient bel et bien prisonniers d'une structure vouée à se perpétuer. Dans ces limites, cependant, ils négociaient les choses concrètes qu'on leur demandait de faire et interprétaient le sens que pouvait avoir pour eux, en tant qu'individus, le passage d'un service à un autre[9]. C'est à ses

9. Richard SENNETT, *The Corrosion of Character*, New York, Norton, 1998, p. 122-130 ; en français, *Le Travail sans qualités. Les conséquences humaines de la flexibilité*, trad. P.-E. Dauzat, Paris, Albin Michel, 2000, p. 173-184.

risques et périls que l'analyste social balaierait d'un revers de main ces menues traductions. Ce sont elles qui donnaient aux employés de la société le sentiment d'être des agents ; le récit institutionnel fait de promotion et de rétrogradation devenait l'histoire même de leur vie. Il en va dans les sociétés comme à l'armée : on peut être malheureux dans une institution tout en lui étant fortement attaché ; même si elle n'est généralement pas heureuse, une personne à qui on laisse le loisir de donner un sens à ce qu'elle fait sur son petit territoire se lie à l'organisation.

Dans mon travail de terrain pour *Respect*, j'ai constaté que ce mélange de désaffection et d'engagement était plus fort encore chez les employés des services publics de l'État-providence, dans les bureaucraties pyramidales. À Chicago et à Londres, je me suis entretenu avec des enseignants d'écoles mal équipées et sclérosées du centre-ville ; à New York, j'ai interrogé des infirmières dans les épouvantables hôpitaux publics de la ville. Beaucoup auraient pu trouver de meilleures places ailleurs, mais n'en faisaient rien. Ils parlaient de faire quelque chose d'utile[10]. Ce qui les attachait de manière plus personnelle, c'était, encore une fois, les petits pas de négociation et de médiation qui asseyaient leur présence dans leurs institutions. À New York, une infirmière m'expliqua que c'est pour cela qu'elle restait dans un hôpital public en déshérence plutôt que d'accepter un travail temporaire plus lucratif. Les deux façons de travailler sont utiles, mais à l'hôpital elle « faisait une différence ».

Si je devais risquer une conclusion de première main sur la structure que Bismarck a conçue pour le capitalisme social, et que Max Weber a si brillamment analysée, je dirais que son plus grand héritage fut le don du temps organisé. Les relations

10. Richard SENNETT, *Respect*, New York, Norton, 2003, p. 200-204 ; en français, *Respect. De la dignité de l'homme dans un monde d'inégalité*, trad. P.-E. Dauzat, Paris, Albin Michel, 2003, p. 228-231.

sociales mettent toujours du temps à se développer ; un parcours dans lequel l'individu compte pour les autres exige des institutions d'une certaine longévité. Les individus encadrés peuvent assurément gaspiller leur vie en intrigues pour se placer dans de telles institutions. Mais la plupart des adultes apprennent à dompter la bête de l'ambition ; ce n'est pas notre seule raison de vivre. Des cages de fer ont structuré le temps de vie avec les autres. Qui plus est, les structures bureaucratiques offrent l'occasion d'interpréter le pouvoir, de lui conférer un sens sur le terrain ; ainsi donnent-elles aux individus le sentiment d'être des agents. Même dans des institutions dysfonctionnelles comme celles de l'État-providence, aux États-Unis, les employés du service public resteront dans l'idée qu'ils peuvent faire une différence. Est-ce une illusion ? Peut-être, mais il n'est d'adulte qui puisse s'en passer.

Compte tenu de ses origines militaires, l'image de la cage de fer suggère une bureaucratie construite pour survivre aux turbulences. Nous assimilons la bureaucratie à la stabilité et à la solidité. Pourtant, il y a réellement là une illusion. Le capitalisme social s'est révélé fragile. Au cours de notre génération, sa structure bureaucratique a été contestée de diverses manières que ni Bismarck ni Weber n'auraient pu prévoir.

Hors de la cage

À la fin du XXe siècle, ont été tournées trois nouvelles pages, paraissant suggérer que le capitalisme social ne serait bientôt plus qu'un souvenir nostalgique. Les changements économiques se caractérisent par leur complexité interne. Je simplifierai en retenant les aspects qui ont le plus directement affecté la vie des hommes ordinaires dans les institutions.

Il y a d'abord eu la prise du pouvoir par les actionnaires aux dépens des managers au sein des grandes sociétés. Ce changement peut être daté précisément : l'effondrement du système de Bretton Woods, au début des années 1970, a libéré sur la scène mondiale un énorme excédent de capitaux en quête d'investissements. La richesse qui avait été confinée aux entreprises locales ou nationales ou encore stockée dans les banques nationales put désormais circuler beaucoup plus facilement à travers le monde. Dans les pays riches en pétrole du Moyen-Orient, dans les banques américaines, japonaises et allemandes ainsi que dans les populations d'origine chinoise du Pacifique, se manifesta une grande soif d'investissement. Fonds de pension géants et petits investisseurs privés suivirent le mouvement dans les années 1980 et 1990, en quête de nouvelles opportunités de placement *offshore*[11].

Le métier de la banque s'est transformé pour s'occuper de cette corne d'abondance. La banque d'affaires s'est véritablement internationalisée. À Londres, par exemple, les réseaux forgés par les anciennes banques d'affaires du passé impérial de la Grande-Bretagne ont été absorbés par des banques américaines, japonaises et allemandes, qui ont racheté les entreprises britanniques. De nos jours, la City de Londres demeure un centre de financement mondial, mais la City elle-même n'est plus une institution britannique. Les banques d'affaires se sont toujours plus focalisées sur les fusions et les acquisitions, au point que s'est rompu le lien avec les intérêts de l'État-nation. Dans les années 1950, Siegmund Warburg avait été le pionnier des techniques de rachat hostile de grandes sociétés à base nationale. Une des conséquences, parmi d'autres, de l'avalanche de richesse est que la prise de contrôle hostile est devenue un art, avec l'argent à l'affût de placements toujours nouveaux.

11. Saskia SASSEN, *The Mobility of Labor and Capital. A Study in International Investment and Labor Flow*, Cambridge, Cambridge University Press, 1998.

Dans un premier temps, les dirigeants crurent avoir affaire aux investisseurs qui leur étaient familiers, c'est-à-dire à des institutions et à des individus largement passifs. Les activités de l'entreprise étaient confirmées lors de réunions annuelles où les seuls défis émanaient de vielles dames ou de militants végétariens aux accoutrements étranges. Ils ne tardèrent pas à déchanter. Les investisseurs sont devenus des juges actifs ; cette participation a pris un tournant quand les fonds de pension, à la tête de capitaux considérables, se sont mis à exercer des pressions très vives sur le management. Grâce à la sophistication croissante des instruments financiers comme la prise de contrôle par emprunt (LBO, *leveraged buyout*), des investisseurs ont pu désormais créer ou casser des sociétés sans que leur direction puisse rien faire.

De même, du fait de l'émergence d'un actionnariat sophistiqué, les capitaines d'industrie qui se trouvaient au sommet de la chaîne de commandement ne sont plus ce qu'ils étaient ; une nouvelle source de pouvoir latéral est apparue au sommet, souvent étrangère, voire indifférente par ailleurs, à la culture que les associations et alliances à long terme avaient forgée au sein de la société.

Cette transmission du pouvoir a tourné une deuxième page. En position de force, les investisseurs ont réclamé des résultats non plus à long terme, mais à court terme. Ils ont formé les cadres de ce que Bennett Harrison appelle le « capital impatient ». Et, fait décisif, c'est le cours de l'action, plutôt que les dividendes, qui est devenu l'indicateur des résultats. Acheter et vendre des actions sur un marché fluide et ouvert procurait des bénéfices plus rapides, et plus importants, que de garder des titres à long terme. Pour cette raison, alors qu'en 1965 les fonds de pension américains détenaient les actions sur une durée moyenne de 46 mois, en 2000, une bonne partie des portefeuilles de ces investisseurs institutionnels se renouvelait en moyenne tous les 3,8 mois. Les échanges d'actions fondés sur les cours ont eu raison des indicateurs traditionnels de performance comme les rapports cours/bénéfices : tel a été notoirement le cas dans les années 1990, où la valeur des titres a monté en flèche dans des sociétés qui ne faisaient aucun bénéfice.

Que l'argent soit en quête de placements ou de bénéfices rapides n'est pas un phénomène nouveau, bien entendu. Mais l'effet combiné d'une telle libération de capitaux et de la pression de la rentabilité à court terme a transformé la structure des institutions les plus attrayantes pour les investisseurs surpuissants. Des pressions considérables se sont exercées sur des sociétés pour qu'elles paraissent belles aux yeux du voyeur de passage – la beauté institutionnelle consistant à présenter des signes de changement interne et de flexibilité, à apparaître comme une société dynamique, quand bien même la société stable marchait parfaitement bien. Des entreprises comme Sunbeam et Enron sont devenues dysfonctionnelles ou corrompues pour répondre à ce défilé des investisseurs. Mais même dans les périodes de repli du marché, la pression sur les sociétés est demeurée la même : l'impassibilité institutionnelle est devenue un investissement négatif plutôt que positif. La stabilité est apparue comme un signe de faiblesse, suggérant au marché que l'entreprise ne pouvait innover, trouver de nouvelles opportunités ou encore gérer le changement.

Le contraste est marqué avec la pratique comme avec la théorie d'une génération antérieure. Rockefeller rassurait les marchés en éliminant la concurrence et les flux. Dans le modèle de Weber, le contrat social dépendait de la conviction de ceux qui en faisaient partie que l'institution était capable d'affronter n'importe quelle tempête extérieure. Et voici que l'empressement à déstabiliser sa propre organisation envoie désormais un signal positif. Parmi les directeurs généraux, Louis Gerstner, d'IBM, se distingue à cet égard : en 1993, l'homme avait hérité de la plus rigide des cages de fer bureaucratiques ; en 1996, il avait largement démantelé cet héritage.

Au début de ce chapitre, j'ai invoqué l'image d'un moi idéal prêt à laisser filer, à abandonner ses possessions. Cet idéal est devenu une nécessité pratique pour les dirigeants qui essaient de faire face aux pressions d'un capital impatient. Il leur faut se réorganiser, se réinventer continuellement, sous peine de vaciller sur le marché.

Le troisième défi lancé à la cage de fer réside dans la mise au point de nouvelles technologies de communication et de fabrication. La communication à l'échelle mondiale est devenue instantanée. Certains analystes, tel Manuel Castells, imaginent que l'économie mondiale a quitté la terre pour s'envoler dans les cieux, que l'endroit où l'on se trouve n'a plus aucune importance ; d'autres, comme Saskia Sassen, pensent que les grandes villes, où s'accomplit le travail d'investissement et de coordination, ont pris plus d'importance encore à l'ère de la mondialisation. Du point de vue des membres des institutions, la révolution des communications a eu encore un autre sens.

L'essor de la technologie des communications aidant, il est devenu possible de formuler l'information en termes non ambigus et systématiques, de la disséminer dans sa version originale à travers toute une société. L'e-mail et ses dérivés ont diminué la médiation et l'interprétation des commandements et des règles transmises verbalement à travers la chaîne de commandement. Grâce aux nouveaux outils informatiques pour le mappage des entrées et des sorties, l'information sur les résultats des projets, des ventes et du personnel peut désormais remonter jusqu'au sommet, instantanément et sans médiation. Dans l'industrie automobile des années 1960, suivant une estimation, une décision de la direction mettait cinq mois à parvenir au niveau des ateliers : aujourd'hui, cet intervalle a été très fortement réduit et n'est plus que de quelques semaines. Dans l'organisation des ventes, on peut suivre le travail des commerciaux en temps réel sur un écran d'ordinateur.

La révolution de l'information a eu, entre autres conséquences, celle de remplacer la modulation et l'interprétation des ordres par une nouvelle espèce de centralisation. Quant aux conséquences sociales de cette centralisation, on le verra sous peu, elles sont profondes. Pour les dirigeants poussés par un capital impatient, le résultat immédiat des progrès techniques a été de les convaincre qu'ils en savaient suffisamment et qu'ils pouvaient donc décréter un changement immédiat d'en haut. Cette conviction a souvent scellé leur perte.

L'automation, autre aspect de la révolution technique, a affecté la pyramide bureaucratique en profondeur : une institution n'a plus nécessairement besoin d'une large base. Pour le travail manuel comme pour le travail de bureau, les organisations peuvent désormais se passer efficacement de postes de travail routinier grâce à des innovations comme les codes barre, les techniques de reconnaissance vocale, les scanners d'objets en trois dimensions aussi bien que les micro-machines qui exécutent le travail des doigts. Non seulement la direction peut réduire les effectifs, mais elle peut faire des économies en s'efforçant de réduire les couches fonctionnelles à la base : une armée institutionnelle dans laquelle les soldats du rang sont des circuits.

Du fait de cette capacité technique, l'inclusion des masses – l'élément social du capitalisme social – peut dépérir. Les membres les plus vulnérables de la société, ceux qui désirent travailler sans posséder de compétences spécialisées, ont toute chance de se retrouver sur la touche. Bien entendu, les industries et les bureaux d'antan n'étaient pas gérés comme des œuvres de charité. Ainsi que Bismarck fut le premier à le reconnaître, cependant, l'essor des affaires est générateur de dislocation et de troubles sociaux, de menaces que l'on peut traiter en étalant la base d'emploi. De nos jours, créer des emplois pour tous à l'ancienne, c'est défier le pouvoir technologique moderne ou en faire abstraction.

Avec l'essor de l'automation, le domaine des compétences humaines fixes se rétrécit. Voici cinquante ans, discuter avec une machine de son compte en banque serait passé pour de la science-fiction ; aujourd'hui, cela va de soi. Une fois encore, apparaît le nouveau moi idéalisé : un individu qui ne cesse d'acquérir de nouvelles compétences, de changer sa « base de connaissance ». En réalité, cet idéal se nourrit de la nécessité de garder une longueur d'avance sur la machine.

Les trois nouvelles pages que j'ai décrites ne valent à présent que pour certains types de bureaucraties économiques. Elles sont grandes, elles vendent des parts d'elles-mêmes et peuvent tirer profit des technologies avancées. On les trouve dans les services financiers et juridiques ou dans les assurances, ainsi que dans la fabrication et l'expédition à travers le monde ; elles font appel à des services très spécialisés de plus petite échelle, comme le design des produits, la publicité et le marketing, les médias et la conception par ordinateur.

En revanche, la majorité des entreprises, en Amérique et en Grande-Bretagne, comptent moins de trois mille employés ; beaucoup n'ont qu'une dimension locale ou sont des entreprises familiales ; certaines sont des services artisanaux comme les petites entreprises du bâtiment. Elles peuvent très bien fonctionner sous forme de petites pyramides bureaucratiques. Si vous êtes un vieil investisseur, vous dormirez plus paisiblement en étant à la tête d'une petite maison de plomberie qu'en vous aventurant sur le marché des dérivés. Et Max Weber reste un guide fiable des rouages internes de ces petites entreprises pyramidales.

Il importe de ne pas le perdre de vue quand on évalue l'organisation technologiquement complexe, mondialisée et fondée sur la valeur à court terme en tant que modèle de changement institutionnel. Les grandes administrations et les institutions civiques ont essayé de démanteler leur passé institutionnel conformément à ce modèle. L'image même de grandes bureaucraties stables assurant des bénéfices prévisibles à long terme horrifie les hommes politiques réformateurs. Dans les caisses de l'État, il n'y a bien entendu pas d'équivalent des montagnes d'argent sur lesquelles trônent les investisseurs modernes à travers le monde. Les « investisseurs » des pouvoirs publics, ce sont les travailleurs qui finiront par toucher des retraites et bénéficier de soins médicaux, les parents qui paient des impôts pour financer les écoles : en un mot, tous les *stake-holders* intérieurs, tous ceux qui sont partie prenante. Pourquoi se laisseraient-ils séduire par un modèle économique qui attire un magnat saoudien du pétrole à l'affût de profits à court terme ?

C'est ici que la culture entre en jeu, dans l'image de ce moi idéalisé qui peut prospérer dans le monde des prises de contrôle par emprunt. Cette personne idéalisée se dérobe à toute dépendance ; elle ne s'accroche pas à d'autres. Les réformateurs de l'État-providence craignent qu'il ait encouragé la dépendance institutionnalisée : précisément ce qu'espérait Bismarck. En lieu et place de la vie institutionnelle, les réformateurs veulent notoirement plus d'initiative individuelle et d'esprit d'entreprise : des coupons pour l'éducation, des comptes d'épargne individuels pour la vieillesse et les soins médicaux. Autrement dit, chacun devrait gérer sa couverture sociale comme un service commercial.

Il est trompeur d'assimiler la peur de la dépendance à l'individualisme pur et simple. Dans le monde des nouvelles affaires, ceux qui prospèrent ont besoin d'un réseau serré de contacts sociaux ; si des cités globales se forment, c'est, entre autres raisons, qu'elles offrent un territoire local pour le *networking* (travail en réseau) en face-à-face. Les gens qui ne sont rattachés aux organisations que par ordinateur, qu'ils travaillent chez eux ou se retrouvent seuls sur le terrain, ont tendance à se marginaliser, parce que leur manquent ces contacts informels que l'on appelle parfois des « refroidisseurs ».

La peur de la dépendance désigne plutôt la crainte de ne plus être maître de soi et, sur un plan plus psychologique, la honte de se retrouver à la merci des autres. Un des grands paradoxes du modèle de la nouvelle économie est qu'en faisant voler en éclats la cage de fer elle n'a réussi qu'à réintroduire ces nouveaux traumas sociaux et émotionnels dans une nouvelle forme institutionnelle.

Architecture institutionnelle

La nouvelle page des institutions n'est pas une page blanche. Nous pourrions nous faire une idée de ce qui y est écrit en comparant la nouvelle architecture institutionnelle à une machine typiquement moderne plutôt qu'à une construction de type traditionnel comme la pyramide.

Plus précisément, cette nouvelle structure fonctionne comme un lecteur MP3. On peut le programmer pour ne lire que quelques pistes de son répertoire ; de la même façon, l'organisation flexible ne peut sélectionner et accomplir qu'une poignée de ses nombreuses fonctions possibles à un moment donné. Dans la société à l'ancienne, en revanche, la production se fait à travers un ensemble fixe d'actes ; les liens de la chaîne sont établis. De même, avec un lecteur MP3, ce qu'on entend peut être programmé dans n'importe quelle séquence. Dans une organisation flexible, la séquence de production peut aussi être variée à volonté. Dans des sociétés de programmation de logiciel de pointe, par exemple, l'institution pourrait se focaliser sur quelque aspect prometteur et novateur de l'imagerie, puis repasser au code support de routine qui simplifie l'imagerie, pour aller ensuite de l'avant en repensant aux possibilités commerciales. Il s'agit d'un travail orienté vers une tâche précise plutôt que d'une fonction fixe. Le développement linéaire est remplacé par une tournure d'esprit toujours en éveil.

Cette nouvelle façon de travailler permet ce que, dans le jargon du management, on appelle le *delayering* ou l'écrémage de niveaux hiérarchiques. En externalisant certaines fonctions vers d'autres entreprises ou d'autres pays, le patron peut supprimer divers niveaux dans son organisation. L'organisation s'enfle et se contracte, des employés sont ajoutés ou éliminés tandis que l'entreprise passe d'une tâche à une autre.

La *casualisation* ou *aléatisation* de la main-d'œuvre ne renvoie pas simplement à l'utilisation d'intérimaires ou de sous-traitants, mais concerne la structure interne de l'entreprise. Les employés peuvent être recrutés sur la base de contrats de trois à six mois, souvent renouvelés au fil des ans ; le patron peut ainsi éviter de verser des cotisations de santé ou de retraite. De plus, les titulaires de contrats de courte durée peuvent aisément être déplacés d'une tâche à l'autre, tandis que les contrats eux-mêmes peuvent être modifiés au gré des activités changeantes de l'entreprise. Et celle-ci peut se contracter ou se développer rapidement, supprimant ou ajoutant du personnel suivant les cas.

Il est plus facile de quantifier le travail temporaire que les effectifs de travailleurs à court terme au sein des entreprises, mais, tels qu'ils sont, les chiffres sont frappants. Le travail temporaire est le secteur de la main-d'œuvre qui croit le plus vite aux États-Unis et en Grande-Bretagne ; globalement, le travail temporaire représente 8 % de la main-d'œuvre américaine aujourd'hui. Si nous ajoutons à ce nombre celui des employés à court terme, moyen d'éviter de supporter les charges sociales dans la vente au détail, les restaurants et d'autres services, le pourcentage devrait atteindre un cinquième de la main-d'œuvre.

Considérés dans leur ensemble, ces trois éléments des institutions – *casualisation*, suppression de niveaux hiérarchiques et séquençage non linéaire – raccourcissent le cadre temporel de l'organisation ; l'accent est mis sur de menues tâches urgentes.

L'essor de l'Internet commercial a été une merveille à cet égard, un système de communications immensément compliqué qui s'est développé rapidement, par morceaux. Un des attraits pour les investisseurs était précisément la frénésie de mouvement, de changement et de chaos dans les entreprises : plus ça bouillonnait, plus c'était alléchant. Peu d'investisseurs savaient ce qu'ils achetaient, hormis que c'était nouveau.

*

Sur un plan social, le travail à court terme altère la façon dont les ouvriers travaillent ensemble. Dans la chaîne de commandement pyramidale, on fait son travail, on s'acquitte de sa mission, on est finalement récompensé, en tant que titulaire d'un poste, pour ses résultats ou son ancienneté, à moins qu'on ne soit ignoré ou rétrogradé. Quoi qu'il en soit, l'infrastructure de l'entreprise est assez claire. Dans le travail à la tâche *(task labor)* changeant, à court terme, ce n'est plus le cas. La structure de l'entreprise n'est pas un objet d'étude solide; on ne saurait prévoir son avenir. En interrogeant des intérimaires, je me suis rendu compte que ceux qui prospèrent dans ce milieu tolèrent très bien l'ambiguïté. «Chaque fois qu'on commence un nouveau job, il faut feinter, m'a confié un assistant administratif. Le patron attend de vous que vous sachiez vous débrouiller et obtenir ce qu'il veut. Et bien sûr, ce n'est pas le cas. C'est un défi.» Ce n'est pas un hasard si les organisations flexibles soulignent les «compétences en relations humaines» et offrent une formation «interpersonnelle». La peluche psychologique retirée, reste un besoin solide; dans ces environnements, il faut se montrer agressif face à des circonstances mal définies.

Ce qui pourrait suggérer qu'une plus grande ouverture des relations humaines importe plus dans les organisations flexibles – chose acquise, selon les prophètes de la nouvelle page. Dans les structures fluides, la réactivité remplace le devoir. Une troisième comparaison entre le lecteur MP3 et l'organisation flexible indique clairement pourquoi la prise de conscience mutuelle est colorée par l'angoisse et, beaucoup trop souvent, par la paranoïa institutionnalisée.

Dans un lecteur MP3, le patron, c'est le laser de l'unité centrale. Alors qu'il y a accès aléatoire au matériau, la performance flexible n'est possible qu'en raison du contrôle de l'ensemble par l'unité centrale de traitement. De même, dans une organisation flexible, le pouvoir est concentré au centre ; c'est l'unité centrale de traitement de l'institution qui fixe les tâches, juge les résultats, étoffe ou amaigrit l'entreprise. De nouvelles technologies analytiques ont permis aux entreprises de se livrer à ce que Michel Foucault a appelé la « surveillance panoptique » ; ces technologies permettent de disposer sur écran, en temps réel, de cartes des ressources et des performances. Cette surveillance informatisée diffère cependant du contrôle envisagé par Taylor et les spécialistes de l'efficacité d'une époque antérieure.

Pour qu'ils donnent des résultats rapides et flexibles, les groupes de travail doivent se voir accorder une certaine autonomie. De fait, l'entreprise s'efforcera de motiver l'autonomie *via* les marchés intérieurs ; le centre fixe les conditions de la compétition entre équipes pour écrire une section de code informatique, trouver des fonds ou dessiner un produit, puis cinq ou six équipes rivalisent les unes avec les autres à cette fin. Dans la façon de penser de Taylor, fondée sur une forme pyramidale, ce serait terriblement inefficace à cause du dédoublement des efforts ; dans la nouvelle façon de penser flexible, en revanche, ce qui importe c'est de produire le meilleur résultat aussi rapidement que possible. C'est là un indicateur d'efficacité plus moderne. Cette forme de compétition interne débouche sur ce que l'économiste Robert Frank appelle les récompenses du « gagnant qui rafle tout » : le gros lot ne va qu'à l'équipe gagnante, et il est peu, ou pas, de lots de consolation[12].

Le système engendre de forts niveaux de stress et d'angoisse chez les travailleurs. Moi-même et bien d'autres chercheurs en avons fait le constat. Toute compétition est source de stress, naturellement; dans les marchés où le gagnant rafle tout, les enjeux augmentent. Les marchés intérieurs font monter toujours plus haut l'enjeu en termes d'angoisse, puisque la ligne entre le concurrent et le collègue se brouille. Parmi les intérimaires que j'ai interrogés, ceux qui réussissent le mieux à gérer le stress y parviennent précisément parce que, émotionnellement, ils n'appartiennent pas à l'entreprise. À la différence de l'adjoint administratif cité plus haut, un de mes sujets, dans une entreprise *high-tech* de la Côte Ouest, déplorait que l'équipe gagnante, dans une compétition interne, « profitât » de ce qu'elle devait rentrer de bonne heure à la maison pour s'occuper de ses enfants en bas âge; ils pouvaient gagner, et ils le savaient, à cause de leur petite famille. C'étaient de faux collègues.

L'un des points de comparaison de cette situation avec les entreprises pyramidales que j'ai étudiées voici trente ans réside dans la différence émotionnelle entre angoisse et appréhension. L'angoisse s'attache à ce qui pourrait arriver; l'appréhension s'attache à ce qui va, on le sait, se produire. L'angoisse surgit dans des conditions mal définies, l'appréhension quand la douleur ou l'infortune est bien définie. Dans l'ancienne pyramide, l'échec s'enracinait dans l'appréhension; dans la nouvelle, l'échec est façonné par l'angoisse. Souvent, quand les entreprises sont redéployées, les employés n'ont aucune idée de

12. Robert H. FRANK, *The Winner-Take-All-Society : How More and More Americans Compete for Ever Fewer and Bigger Prizes, Encouraging Economic Waste, Income Inequality, and Impoverished Cultural Life*, New York, Free Press, 1995.

ce qui va leur arriver, puisque les formes modernes de restructuration des entreprises sont dictées par des problèmes d'endettement et de cours des actions provoqués par les marchés financiers, plutôt que par les rouages internes des entreprises. Trop souvent, les maîtres d'œuvre du changement ne savent guère que faire une fois effectuée la fusion ou la vente. Cette indétermination propage l'inquiétude à travers les échelons, sans que les banques commerciales ou les investisseurs soient à même de la dissiper. Une quasi-certitude est que l'inégalité, au sein de l'entreprise, va s'amplifier. Mais une inégalité d'un genre bien particulier.

*

L'inégalité est devenue le talon d'Achille de l'économie moderne. Elle prend de multiples formes : indemnisation massive des dirigeants, écart croissant des rémunérations au sommet et à la base des sociétés, stagnation des niveaux de revenu intermédiaires par rapport à ceux de l'élite. La concurrence du type « le gagnant rafle tout » engendre une inégalité matérielle extrême. Et, dans certaines catégories d'entreprises, ces inégalités de richesse vont de pair avec une inégalité sociale croissante.

Dans les bureaucraties plongées dans les affres d'une réorganisation, l'effacement des couches bureaucratiques intermédiaires peut effacer la chaîne de communication à travers laquelle le pouvoir est interprété à mesure qu'il descend, et l'information modulée à mesure qu'elle remonte. L'entreprise flexible peut dresser la carte de ce territoire plus déconnecté. Le centre gouverne la périphérie de façon spécifique. À la périphérie, les gens sont livrés à eux-mêmes dans leur travail, sans grande interaction en amont ou en aval de la chaîne de commandement ; il n'existe aucune relation sociale que ce soit entre un Thaï qui coud des souliers et une modiste milanaise ;

entre eux, comme dit Soros, il y a transaction plutôt que relation. Ceux qui se trouvent à la périphérie ne sont comptables envers le centre que pour leurs résultats. Cette relation distanciée est, *in fine*, la géographie de la mondialisation. À l'extrême opposé, dans une pyramide bureaucratique, se tiendrait le patron paternaliste. En termes de richesse et de pouvoir, l'inégalité entre un paternaliste comme Henry Ford et les ouvriers d'une chaîne de montage était tout aussi grande qu'entre ceux-ci et un grand manitou de la mondialisation. En termes sociologiques, cependant, il était plus proche d'eux, tout comme le général sur le champ de bataille était rattaché à ses troupes. L'idée sociologique, en l'occurrence, est que l'inégalité se traduit en distance ; plus la distance est grande – moins le lien est ressenti de part et d'autre –, et plus l'inégalité sociale entre eux augmente.

L'exemple du « conseil » est excellent pour comprendre comment la distance sociale opère sur le terrain. Les consultants sont un ingrédient essentiel du pouvoir bureaucratique moderne, dont ils lubrifient la mécanique. En principe, ils sont censés prodiguer des conseils objectifs et suggérer une stratégie ; dans les faits, c'est à eux que revient le sale boulot consistant à réorganiser les activités à travers les périphéries de l'organisation : départs à la retraite forcés, suppression de divers services, nouvelles obligations pour les employés qui survivent.

C'est à Georgina Born, de Cambridge University, qu'on doit peut-être la meilleure ethnographie du conseil[13]. Elle a étudié la BBC (British Broadcasting Corporation) dans les années 1990, alors qu'un patron réformiste, John Birt, donna un an au groupe de conseil McKinsey pour refondre le document de stratégie de la BBC sur dix ans. Les consultants, pour la plupart des jeunes gens qui avaient décroché depuis peu

---

13. Georgina BORN, *Uncertain Choice*, Londres, Secker and Warburg, 2004, p. 212-253.

leur MBA (diplôme de gestion), découvrirent l'entreprise au cours même de sa réorganisation. La stratégie visait officiellement à modifier les processus de travail de la BBC : qui rendait compte à qui et de quoi, et de quoi devait-on rendre compte. Les consultants de McKinsey ne prirent guère de responsabilité, toutefois, dans la mise en œuvre de ces changements, pas plus qu'ils ne s'occupèrent de leurs conséquences humaines ; parmi celles-ci, bon nombre de gens se trouvèrent déplacés de domaines où ils avaient acquis une compétence vers des domaines où ils conduisaient en aveugle. Dans cette « industrie créative », les consultants eux-mêmes ne comprenaient pas grand-chose au travail de création et avaient donc tendance à en méconnaître la valeur intrinsèque. Les consultants furent payés, puis s'en allèrent, laissant l'organisation en ébullition tandis que les distances sociales se creusaient au sein de la BBC. Ces déconnections humaines, en plein changement, ne firent à leur tour qu'amplifier spectaculairement l'angoisse des employés.

Du côté de la direction, qu'a-t-on à gagner à faire appel à des consultants ? Pour une part, leur présence envoie un signal idéologique confirmant que le pouvoir s'exerce : un message quant à la volonté et à la détermination de l'entreprise. Dans le secteur commercial, il est important d'envoyer un tel signal : le remue-ménage institutionnel signale aux investisseurs qu'il se passe quelque chose – un changement, si mal défini soit-il –, qui souvent fait monter le cours de l'action. Mais l'accroissement de la distance sociale, au sein des entreprises, présente un autre avantage.

En faisant appel à des consultants, les dirigeants au centre de la machine MP3 peuvent se décharger de la responsabilité des décisions douloureuses. L'unité centrale commande mais évite de rendre des comptes. En pratique, peu de consultants rejoignent ensuite les entreprises qu'ils réorganisent, et ainsi évitent-ils eux aussi d'avoir des comptes à rendre. Ce divorce entre commandement et responsabilité explique toute la portée politique de ces pratiques. Dans le sillage de l'effondrement de l'empire soviétique, en 1989, des nations furent un peu soumises au même traitement que la BBC. En Pologne et en Russie, des équipes de consultants fondirent sur les ministères afin de les dissoudre ou de les transformer en entreprises privées. Jeffrey Sachs, de Harvard, a traité la Pologne comme une expérience de marché, mais il n'est pas resté en Pologne en tant que responsable officiel. Sitôt réorganisée l'économie, qui essaie toujours de se remettre de cette expérience, Sachs est retourné aux États-Unis pour s'attaquer aux problèmes de l'environnement.

En créant des distances sociales qui dissocient le contrôle de la responsabilité, le conseil révèle un glissement de terrain bureaucratique fondamental, un reformatage de l'inégalité, qui a pour effet de creuser la distance sociale. Le pouvoir peut bien se concentrer au sommet, mais l'autorité n'augmente pas pour autant.

Autorité et contrôle

L'*autorité* désigne un processus social de dépendance complexe[14]. Une personne investie d'autorité diffère d'un tyran, qui use de la force brute pour être obéi. Ainsi que Weber l'observait il y a bien longtemps, un homme qui a de l'autorité inspire l'obéissance volontaire ; ses sujets croient en lui. Ils peuvent bien le trouver dur, cruel, injuste, mais il a tout de même quelque chose en plus. Les subalternes peuvent s'en remettre à ceux qui se trouvent au-dessus. Dans les formes d'autorité charismatiques, ils croient que la figure de l'autorité

14. Richard SENNETT, *Authority*, New York, Knopf, 1980 ; en français, *Autorité*, trad. F. Drosso et Cl. Roquin, Paris, Fayard, 1982.

complètera ce qui est incomplet en eux, leur permettra de développer ce qui reste mutilé. Dans les formes d'autorité bureaucratiques, ils croient que les institutions assumeront la responsabilité pour eux.

Les armées donnent un exemple clair d'autorité tant charismatique que bureaucratique. Les soldats donneront volontiers leur vie pour des officiers d'une volonté ou d'un courage supérieurs, et ils mourront aussi pour des officiers médiocres ; la fonction confère une autorité à l'incompétent. Cette dualité est bien connue de tout lecteur du roman de guerre de Joseph Heller, *Catch-22*, où la vision cynique que les hommes de troupe ont de l'incompétence de leur supérieur coexiste avec l'obéissance volontaire. Des hiérarchies civiles produisent la même dualité en termes d'autorité. Dans une étude classique de la pyramide bureaucratique du travail, Reinhard Bendix a trouvé des employés sollicitant les conseils de leurs chefs, demandant des directives, quêtant leur approbation, alors même qu'en dehors des heures de travail ils se répandaient en propos désobligeants sur la personnalité de leurs patrons.

L'institution MP3 peut bien célébrer le leader charismatique : elle n'inspire pas l'autorité institutionnelle. C'est en partie dû à la façon dont les dirigeants se conduisent, quand ils agissent eux-mêmes comme des consultants. Le renouvellement rapide au sommet peut avoir cet effet : il n'y a alors personne au pouvoir qui ait fait montre de son attachement à l'organisation, qui ait l'expérience de ses problèmes, qui puisse témoigner des peines des subalternes. Pour une part, la simple déconnexion entre le centre et la périphérie dissipe la conviction, à la périphérie, qu'un être humain en particulier ou qu'un groupe bien définissable est véritablement aux commandes. J'ai pu constater à cet égard que les employés d'une société de services financiers jugeaient particulièrement exécrable le « gouvernement par e-mail » ; trop souvent, ils recevaient des e-mails les informant qu'ils avaient été déplacés, voire virés ! « Trop froussard pour me le dire en face », lâcha l'un d'eux. L'éloignement de la responsabilité présente une autre dimension.

Feuilletant les dossiers du personnel d'une entreprise de *high-tech* avec une direction dite de « porte tournante » [qui circule d'une société à l'autre], j'ai été frappé de voir combien les mots *nécessiteux* et *dépendant* étaient souvent employés comme négatifs. Une responsable du personnel me confia qu'elle recherchait, chez ses employés, une forme d'autodiscipline sans dépendance. Institutionnellement, cela se comprend. Les opérations sont fragmentées, tant géographiquement qu'à la périphérie des grandes entreprises ou, intérieurement, dans des organisations de taille moyenne quand de nombreuses activités déconnectées se poursuivent en même temps. Dans ces conditions, les gens sont bel et bien isolés, livrés à eux-mêmes, pour trouver comment s'ajuster au mieux aux cibles, aux ordres et aux évaluations de performance du centre. La célébration de l'« auto-gestion » n'est cependant guère innocente. L'entreprise n'a plus besoin d'envisager en termes critiques ses propres responsabilités envers ceux qu'elle contrôle.

Si les organisations de l'arête tranchante sont des cas particuliers, ses employés ne le sont pas moins. Pour certaines personnes, la combinaison de contrôle central accru et d'autorité moindre opère brillamment. Les organisations en question veulent attirer des jeunes gens qui ont l'esprit d'entreprise ; ce sont des bons endroits pour les personnes de tous âges dont le désir de devenir des figures d'autorité est faible. Ceux que nous avons trouvés concrètement les plus à l'aise dans ces institutions sont des employés aux compétences techniques fortes. S'ils sont mécontents, ils peuvent aisément transporter ces compétences techniques quelque part ailleurs. Informaticiens de terrain, négociateurs en bourse, éditeurs et directeurs de la création en publicité, tous entrent dans ce moule.

Chez les jeunes entrepreneurs, mon collègue Michael Laskaway a constaté que le confort, dans les entreprises de faible autorité, est de courte durée. À l'approche de la maturité, avec l'apparition des enfants, des hypothèques et des droits de scolarité, le besoin de structure et de prévisibilité dans le travail va croissant. À l'avenant, l'employé désire avoir maintenant au-dessus de lui quelqu'un qui soit sensible aux responsabilités adultes des travailleurs.

Le divorce entre pouvoir et autorité devient plus généralement problématique quand les institutions *cutting-edge* (« arête tranchante ») servent de modèle aux institutions publiques. Les réformateurs de l'État-providence, en Grande-Bretagne et en Allemagne, ont fait du modèle d'autorité réduite et fortement centralisée un objectif en matière de prestations ; en conséquence, les malades et les personnes âgées peuvent être stigmatisés pour montrer qu'ils sont dans le besoin. Dans le domaine public, en revanche, la concentration du pouvoir avec une autorité faible devient un danger pour ceux qui sont au pouvoir. Pour ce qui est de la légitimité, ils ne peuvent compter que sur leur charisme ; les réformateurs qui manquent de charisme passent pour arbitraires ; les institutions qui se dérobent à la responsabilité passent, précisément, pour irresponsables.

Dans la suite de ce chapitre, j'essaierai de démêler la crise d'autorité qui se produit quand le nouveau modèle capitaliste d'entreprise est appliqué au domaine public. Ici, j'entends rester dans la vie sociale de la nouvelle institution économique elle-même. Les changements structurels impliqués dans le démantèlement de la cage de fer bureaucratique engendrent trois déficits sociaux.

Trois déficits sociaux

La faible loyauté institutionnelle, la diminution de la confiance informelle parmi les travailleurs et l'affaiblissement du savoir institutionnel constituent les trois déficits du changement structurel. Chacun, isolément, n'est que trop tangible dans la vie des travailleurs ordinaires. Or, ils sont liés les uns aux autres au prisme d'un outil intellectuel quelque peu abstrait.

Cet outil est ce que la sociologie appelle le « capital social » – et, comme il est de règle chez les sociologues, nous ne sommes pas d'accord entre nous sur ce qu'il signifie. Une école, que représente Robert Putnam, définit le capital social en termes d'engagements volontaires dans des organisations sociales et civiques[15]. Une autre école, attachée aux noms d'Alejandro Portes et de Harrison White, se focalise sur les réseaux – dans la famille, l'éducation et le travail. Tandis que Putnam insiste sur l'*empressement* à s'engager, Portes et White mesurent le capital social en fonction de la profondeur et de l'ampleur de l'engagement dans les réseaux, mais aussi de son caractère volontaire ou dicté par la nécessité[16]. Ma conception du capital social, plus proche de celle de Portes et White que de celle de Putnam, privilégie les *jugements* que les gens portent sur leurs engagements. À mon sens, le capital social est faible quand ils décident que leurs engagements sont de piètre qualité ; élevé, quand ils croient que leurs associations sont de bonne qualité.

La loyauté est un test essentiel de cette version du capital social. Les organisations militaires se distinguent par un fort

15. Robert D. PUTNAM, *Bowling Alone : The Collapse and Revival of American Community*, New York, Simon and Schuster, 2000.

16. Harrison C. WHITE, *Markets from Networks : Socioeconomic Models of Production*, Princeton, Princeton University Press, 2002.

capital social, lequel se manifeste quand les gens sont prêts à sacrifier leur vie par loyauté envers l'institution ou le réseau des soldats au sein d'une armée. Les institutions de l'arête tranchante de la société civile se situent à l'opposé. Elles inspirent des degrés de loyauté d'une faiblesse extrême. Nul n'est besoin d'aller en chercher bien loin la raison. Si un employeur vous dit que vous êtes livré à vous-même, que l'institution ne vous aidera pas quand vous serez dans le besoin, pourquoi auriez-vous un fort sentiment de loyauté envers elle ? La loyauté est une relation de participation ; aucun projet d'entreprise, si beau ou logique soit-il, ne gagnera la loyauté de ceux à qui il est imposé, pour la simple raison que les employés n'ont pas participé à sa gestation.

Lors de la dernière récession, les entreprises ont appris les conséquences pratiques d'une faible loyauté. L'essor leur avait permis de recourir à l'Internet pour trouver des fournisseurs ou des sous-traitants aux meilleures conditions ; tant que les affaires marchaient, on pouvait effectivement les gérer comme dans le cadre de transactions à court terme plutôt que de relations à long terme. Au cours de la phase d'expansion, les gourous des affaires avaient annoncé avec une pointe d'orgueil que la « loyauté est morte », et que chaque employé vigoureux devait se conduire comme un entrepreneur[17]. Quand les affaires sont devenues mauvaises, cependant, les entreprises ont eu besoin de fournisseurs et de sous-traitants qui leur fassent davantage crédit, qui reportent les dettes dans leurs livres. Mais au nom de quoi quelqu'un d'autre se soucierait de ces problèmes ? Aucun réseau de loyauté mutuelle ne s'était développé.

Alors que l'économie amorçait une récession, les entreprises ont eu besoin que les employés fassent des sacrifices dans leur intérêt en acceptant des baisses de rémunération ou d'avantages. Les compagnies aériennes, en Amérique et en Grande-

17. R. SENNETT, *Le Travail sans qualités, op. cit.*

Bretagne, en sont un excellent exemple, de même que les médias et la technologie. Or les employés ont rechigné. Au bord de la faillite, par exemple, British Airways a connu de fréquentes grèves sauvages de son personnel de service, qui ne se souciait guère de savoir si elle coulait ou non. Alors même que d'autres employés agirent concrètement pour sauver leurs postes, ils consentirent peu d'efforts positifs pour aider les compagnies à survivre.

La loyauté est un ingrédient nécessaire pour survivre au cycle économique ; dans leur effort pour repousser les prédateurs, la faiblesse du capital social a une importance très concrète pour les entreprises. Pour les employés eux-mêmes, les déficits de loyauté exacerbent le stress, en particulier en rapport avec des horaires de travail plus lourds. L'allongement et l'intensité accrue de la journée de travail peuvent paraître absurdes ; loin d'être stimulante, la pression a un effet déprimant. « La lourdeur des horaires ne me fait aucun bien, m'expliqua un designer en publicité. Et j'en ai rien à foutre de cette entreprise, alors à quoi ça rime ? » Quelques études récentes de grande ampleur menées en Grande-Bretagne sur des employés qui travaillent plus de dix heures par jour précisent ce sentiment. La pression devient une expérience indépendante et abrutissante dans des entreprises au capital social faible, et les employés qui subissent ces pressions dans ces conditions sont bien plus enclins à devenir alcooliques, à divorcer ou à avoir des ennuis de santé que les gens travaillant plus de dix heures par jour dans des entreprises à forte loyauté.

Un deuxième déficit social, moins évident qu'une faible loyauté, concerne la confiance. La confiance revêt deux formes : formelle et informelle. La confiance formelle signifie qu'une partie s'engage dans un contrat dans l'idée que l'autre partie en honorera les clauses. Dans la confiance informelle, il s'agit de savoir sur qui on peut compter, surtout quand un groupe est sous pression : qui va lâcher prise, qui sera à la hauteur. La confiance informelle met du temps à se développer. Dans une équipe ou dans un réseau, les petits indices relatifs à la conduite ou au tempérament n'apparaissent que petit à petit ; le masque que nous présentons aux autres dissimule normalement combien nous serons fiables dans une crise. Dans les bureaucraties tournées vers le court terme, le temps d'acquérir cette intelligence des autres fait souvent défaut. Une équipe d'une durée de vie de six mois en révèle beaucoup moins sur le comportement probable des uns et des autres sous tension qu'un réseau dont la durée de vie se mesure en années.

J'ai été témoin de la force et de la faiblesse de la confiance informelle dans deux accidents industriels à trente ans de distance. Dans le premier, touchant une usine à l'ancienne, un incendie s'est déclaré, et on s'est rendu compte que le réseau de pompes était en panne. Les ouvriers de la chaîne se connaissaient assez bien pour décider qui pouvait faire quoi. Les cadres ont braillé des ordres, mais dans l'urgence personne n'y a prêté attention ; les dommages pour l'usine ont été vite maîtrisés sous l'effet d'un solide réseau informel. Trente ans plus tard, je me trouvais dans une usine de la Silicon Valley quand le système d'air conditionné s'est mis à aspirer plutôt qu'à chasser des gaz toxiques : une catastrophe d'un type inconnu dans ce bâtiment *high-tech*. Les équipes de travail n'ont pas tenu. Beaucoup se sont précipités à la débandade vers les sorties, tandis que d'autres, plus courageux, ont pris la peine de s'organiser. Par la suite, les dirigeants, dont beaucoup avaient bien réagi, ont compris que cette usine de trois mille deux cents personnes n'était, comme on dit, que « superficiellement organisée sur le papier ».

Des formes de pression au travail plus ordinaires peuvent produire des déficits de confiance informelle. Les entreprises qui doivent réagir rapidement aux changements de la demande des consommateurs diminuent souvent la confiance informelle, puisque le personnel des équipes de travail doit changer fréquemment. Le redéploiement d'une institution, qu'il s'agisse d'une entreprise ou d'un organisme public, peut aussi réduire fortement la confiance informelle, puisque la réorganisation des relations personnelles se fait abruptement d'en haut et de l'extérieur.

La faiblesse de la confiance informelle est un déficit organisationnel plutôt qu'un simple problème de caractère personnel en ce qu'elle tourne autour du temps organisé. En l'occurrence, une pratique pernicieuse de l'ancien monde du travail est passée dans le nouveau. Quand Taylor et d'autres analystes prétendument scientifiques du travail faisaient des études de cadences, ils se focalisaient sur un temps miniaturisé, autrement dit sur ce qui pouvait être fait dans le laps de temps le plus court. Ils étudiaient rarement les mois ou les années de vie d'une organisation, peut-être parce que dans leur esprit la durée de vie d'une organisation allait de soi. Aujourd'hui qu'il est possible de faire des hypothèses plus larges, l'accent continue de porter sur la microgestion du temps. Pour les employés d'entreprises aussi instables, le fait de ne pas vraiment connaître les autres travailleurs ne peut qu'accroître l'angoisse; ces entreprises instables, malgré leur insistance sur les aspects superficiels de la coopération, sont plus impersonnelles et opaques que les institutions dans lesquelles on fait des carrières à long terme avec d'autres employés que l'on apprend à bien connaître. Il en résulte des réseaux qui peuvent aisément se défaire.

Le troisième déficit social concerne l'affaiblissement du savoir institutionnel. Un vice de l'ancienne pyramide bureaucratique tenait à sa rigidité, ses postes fixes, le fait que chacun sût exactement ce qu'on attendait de lui. La pyramide avait cependant sa vertu : l'accumulation de connaissances sur la façon de faire marcher le système, grâce à laquelle on savait quand faire des exceptions aux règles ou mettre sur pied des arrangements d'arrière-plan *(back-channel)*. Il en va dans les grandes administrations civiles comme à l'armée : savoir manipuler le système peut devenir une forme d'art. Souvent, les gens qui ont la meilleure connaissance institutionnelle de ce genre sont en bas de la hiérarchie. Dans les usines, les délégués syndicaux la possèdent mieux que leurs patrons en chemises blanches ; dans les bureaux, les secrétaires et les assistants sont porteurs du savoir institutionnel ; dans les hôpitaux, les infirmières sont notoirement plus compétentes en matière administrative que les médecins qu'elles servent. Ce genre de connaissance institutionnelle complète la confiance informelle ; avec le temps, tandis que l'expérience s'accumule, l'administratif apprend à huiler les rouages.

Dans la réforme des pyramides bureaucratiques, cependant, ces fonctionnaires de base sont souvent les premiers qu'on laisse partir. La direction imagine que l'informatique peut les remplacer, alors que la plupart des logiciels d'entreprise appliquent les règles plus qu'ils ne les adaptent. La conséquence peut en être ce que l'analyste des systèmes Claudio Ciborra appelle les « effets de dérive ». Il l'explique en citant l'application d'un programme d'organisation, Lotus Notes, à quatre entreprises différentes. Chez Zeta Corporation, qui n'a pas substitué le programme aux hommes, les résultats ont été positifs, car les employés disposaient d'un nouvel outil de partage des connaissances. Chez Unilever, où le petit personnel a été remplacé par le programme, il en est résulté une trop grande formalisation. Chez Telecom, pareillement réorganisé, le partage du savoir a apparemment laissé à désirer, tandis que chez EDF on a constaté une « rivalité inter-fonctionnelle ». Dans le cas positif, affirme Ciborra, le savoir institutionnel a augmenté grâce à l'application informatique, tandis que dans les cas négatifs il a diminué en raison de l'élimination de ses porteurs humains[18].

18. Claudio CIBORRA, *The Labyrinths of Information*, Oxford, Oxford University Press, 2002, p. 85-90.

Les nouveaux systèmes d'information promettent toujours davantage d'efficacité dans une organisation – particulièrement séduisants pour les consultants, à qui manque le genre de savoir institutionnel qui s'accumule *via* l'expérience. C'est pourtant une promesse naïve. L'ennemi, ce ne sont pas les machines elles-mêmes. Un programme tel que Lotus Notes peut bel et bien accroître considérablement la connaissance de l'organisation, pour peu que le contrôle et l'adaptation soient laissés aux utilisateurs ordinaires. Dans la plupart des réorganisations, cependant, la tendance est de plus en plus à limiter l'accès à la reconfiguration, tandis que le contrôle du programme se borne aux échelons supérieurs de l'institution.

*

Ces trois déficits sociaux – de loyauté, de confiance informelle et d'information adaptative – ne sont pas nouveaux pour de nombreux managers. Le juriste Mark Roe affirme que la racine du problème réside dans la « séparation de la propriété et du contrôle ». Pour lui, le problème trouve ses racines dans la taille même des entreprises, qu'elles soient de type pyramidal à l'ancienne ou du nouveau style MP3. Le dirigeant n'a pas la possibilité d'assumer une responsabilité effective à long terme pour l'entreprise ; les vraies rênes du pouvoir sont entre les mains d'investisseurs impatients[19]. Le dirigeant efficace souhaite plutôt renforcer la loyauté, la confiance et le savoir institutionnel au sein de l'entreprise – toutes choses qui demandent du temps. Si j'en crois mon expérience, la plupart des dirigeants dévoués attestent le conflit et sous cette forme. Aux institutions à faible capital social manque souvent aussi la conscience de *qui* construit le capital social dans une entre-

19. Cf. Mark Roe, « The Inevitable Instability of American Corporate Governance », document de travail, Harvard Law School, 2004.

prise ; le capital social se construit de bas en haut. La culture d'une entreprise, comme toutes les cultures, dépend du sens que les gens ordinaires donnent à une institution, non pas de l'explication décrétée par ceux d'en haut. Dans les institutions particulières de l'arête tranchante du capitalisme, les décrets ne cessent de se succéder ; le champ de l'interprétation, chez les employés ordinaires, décroît, et le processus d'interprétation – donner un sens à ces organisations-caméléon – devient toujours plus ardu.

Pour ceux qui ne sont pas aux commandes, le problème le plus délicat que pose la construction d'un sentiment d'inclusion sociale réside dans le problème de l'identité au travail.

Se comprendre soi-même

Voici bien longtemps, dans *De la division du travail social*, Durkheim a compris la valeur immense que les individus attachent à la capacité de se catégoriser. En règle générale, l'identité ne concerne pas tant ce que vous faites que ce à quoi vous appartenez. Dans les années 1970, il m'a paru clair que le travail importait profondément aux hommes de la classe ouvrière que j'interrogeais en tant que source d'honneur familial et communautaire, tout à fait indépendamment des satisfactions qu'un travail procurait en soi. Autrement dit, leur identité au travail réside dans les conséquences sociales de leur activité. Pour les femmes ouvrières sur le marché du travail, me sembla-t-il alors, la dignité qu'apporte le travail comptait apparemment moins. Enfin, pour les travailleurs des classes moyennes, la nature de l'emploi semblait importer davantage que pour ceux situés plus bas. Avec le recul, je vois que je me suis trompé tant sur la classe que sur le genre. Je me suis trompé à cette époque, et depuis le temps s'est chargé de faire paraître les choses différemment.

De nombreuses femmes de la classe ouvrière rejoignaient et quittaient en effet sporadiquement la force de travail, afin de joindre les deux bouts, et, pour ces femmes, le travail n'était qu'un instrument. Mais d'autres travaillaient à titre permanent et, pour elles, le travail importait de la même façon, familiale et communautaire, que pour les hommes. Claire Siegelbaum a pointé une raison de mon erreur : les ouvrières n'étaient pas portées à partager l'importance de leur travail avec leurs conjoints. Le faire eût été défier les rôles sexuels au sein de la famille.

Je me suis aussi trompé sur l'investissement des hommes des classes moyennes dans la substance de leur travail. Un certain nombre d'études menées au début des années 1980 ont montré qu'il y avait peu de différence entre les travailleurs manuels et les cols blancs, hors professions libérales, pour ce qui est du désir de satisfaction au travail. L'ancienneté et les titres comptaient pour ceux qui s'occupaient de paperasse autant que pour ceux qui travaillaient de leurs mains[20]. J'avais confondu le monde de l'élite professionnelle avec celui des classes moyennes au sens large.

En revanche, j'avais bien perçu l'importance des organisations elles-mêmes. Les pyramides avaient des identités relativement claires et stables et cela importait aux ouvriers pour l'image qu'ils avaient d'eux-mêmes. Des sociétés bien dirigées procuraient un sentiment de fierté; celles qui étaient mal gérées donnaient au moins une orientation : on apprenait à se connaître en rapport avec les frustrations ou la colère qu'on connaissait dans une réalité sociale *ancrée* hors de soi.

Pour les noirs et les travailleurs immigrés, tant en Amérique qu'en Grande-Bretagne, les bureaucraties à travail fixe avaient une signification supplémentaire : ces institutions étaient un

20. Je dois ces correctifs à mes collègues Judy Wajcman et Robert Howard.

billet à ordre, une promesse d'inclusion sociale. En Amérique, un travailleur noir qui gagnait des droits d'ancienneté acquérait une arme personnellement importante contre la vieille formule : dernier embauché, premier viré. Dans les deux pays, travailler en particulier pour les services publics était, pour les noirs et les immigrés, le moyen d'acquérir un statut officiel. Voici une génération, on soutenait parfois, plus généralement, que les *outsiders*, les marginaux, ont un sentiment d'identité au travail plus faible que ceux qui sont bien à l'abri dans le système légal ou au sein de la culture dominante ; en Amérique, on disait souvent des hommes noirs américains qu'ils manquaient d'une éthique du travail. C'est entièrement faux, nous le savons aujourd'hui : la recherche de William Julius et de ses collègues a montré que l'accès à un travail sûr constituait alors et constitue aujourd'hui de loin le plus grand objectif de vie des hommes noirs en déshérence[21].

L'avènement d'une nouvelle forme bureaucratique n'a pas statistiquement aboli les emplois inclusifs en grand nombre, pas plus que l'identité au travail à l'ancienne ne s'est érodée. Comme dans une génération antérieure, la valeur que la plupart des gens attachent à leur travail réside dans ses résultats familiaux ou communautaires. Ce que la vie dans les circonstances particulières du travail sur la crête *(leading-edge)* a bouleversé dans la culture en général, c'est, pourrait-on dire, le prestige moral de la stabilité au travail. La sociologue Kathleen Newman l'a observé aux échelons les plus bas du travail fluide, le domaine des « McJobs », comme on dit : retourner les hamburgers ou vendre en magasin. L'accès à de tels emplois rémunérés est positif pour les jeunes non qualifiés, mais ils s'inquiètent s'ils ne s'élèvent que lentement ; le travail apparaît alors comme une impasse quand, en réalité, il ouvre une

21. Cf. William JULIUS WILSON, *When Work Disappears*, New York, Knopf, 1996.

porte[22]. Cette impatience reflète un changement du système de valeurs dans la culture en général où la stabilité en tant que telle est de plus en plus dépourvue de prestige moral. Un peu plus haut dans l'échelle des activités professionnelles, le travail dans l'administration publique a été de plus en plus contaminé par la même souillure, en sorte que les emplois de service manuels n'attirent plus de nombreux jeunes. C'est un secteur – soins, entretien scolaire et transports – de plus en plus abandonné aux travailleurs immigrés, qui privilégient la stabilité et ses gratifications plutôt que la caractérisation culturelle du travail lui-même.

Dans les classes moyennes, le problème du prestige moral est plus transparent. La formation des jeunes qui se préparent à des carrières dans les affaires insiste sur la prise de risque ; un pourcentage croissant de jeunes répond à cet appel aux dépens de carrières dans l'enseignement ou la fonction publique. Loin de moi l'idée de réduire la crise de recrutement du secteur public à une simple affaire de valeurs ; la paie et les conditions d'emploi y jouent un grand rôle. La culture a pour effet de diminuer la croyance d'un jeune dans la nature même d'un tel travail, l'idée qu'on gagnera le respect dans la société en général en étant fonctionnaire.

Si le risque était devenu une valeur dominante, on s'attendrait à voir les intérimaires, les *serial workers* [travailleurs qui enchaînent les tâches au gré de leurs intérêts ou du marché] et les autres, qui flottent sous l'élite tranchante dans le même temps de travail fluide, bénéficier d'un statut renforcé. Comme je l'ai découvert en préparant *Le Travail sans qualités*, les intérimaires trouvent souvent satisfaisantes les toutes premières années de travail flottant. Mais la situation se pérennisant, le travail flottant finit par les laisser sur leur faim. Ils désirent que

22. R. SENNETT, *Le Travail sans qualités*, *op. cit.* ; Katherine NEWMAN, *No Shame in my Game : The Working Poor in the Inner City*, New York, Knopf, 1999.

quelqu'un les désire durablement; participer à une structure sociale finit par importer davantage que la mobilité personnelle. On retrouve le même problème que dans le passage du statut de jeune entrepreneur sans attaches à celui d'entrepreneur d'âge mûr avec une hypothèque. Le prestige moral du travail sur la crête est un talisman de réussite dont il est dur, au-dessous des échelons des élites, de faire un projet de vie. En cela, les conditions de temps, consacrées dans le travail sur la crête, rejoignent, peut-être, la plus célèbre des formulations modernes de l'identité au travail comme valeur moderne, celle de *L'Éthique protestante* de Max Weber.

Le moteur temporel qui nourrit l'éthique protestante est la satisfaction différée dans le présent au nom d'objectifs à long terme. Max Weber tenait ce moteur pour le secret de la cage de fer, les gens s'emmurant dans des institutions fixes parce qu'ils espéraient finalement s'épanouir à l'avenir. La gratification différée rend possible l'autodiscipline; vous vous accrochez au travail, que vous en soyez heureux ou non, parce que vous n'avez d'yeux que pour cette récompense future. Cette version éminemment personnalisée du prestige du travail requiert un certain type d'institution pour être honorable; elle doit être assez stable pour donner ces gratifications futures, et ses dirigeants doivent rester en place en témoins de vos performances.

Le nouveau paradigme enlève tout sens à la gratification différée comme principe d'autodiscipline. Ces conditions institutionnelles font défaut. Le tour de roue économique des dernières années l'a fait ressortir avec éclat. La récession a clarifié et aiguisé un phénomène plus caché au cours de la phase d'expansion : quand les choses vont mal, les gens au sommet ont plus de marge de manœuvre et d'adaptation que ceux d'en bas; dans les sociétés en difficulté, le réseau de direction est plus épais et plus riche, permettant à ceux d'en haut de s'en sortir plus facilement. Le résultat est que les témoins gratifiants, comme le Dieu qui s'enfuit de Nietzsche, ont déserté la scène bureaucratique. Dans la haute technologie, la finance et les médias, l'existence de cette porte tournante directoriale explique que le travailleur stable et autodiscipliné ait perdu son public.

Le problème de la gratification différée est rendu plus largement problématique, en Amérique du Nord et à travers l'Europe, parce que de nombreux fonds de pension privés se sont effondrés et que les systèmes publics de retraite sont menacés. Épargner pour le futur, l'essence même de l'éthique protestante, est vicié par la faiblesse de ces structures : il n'y a plus de havres sûrs.

L'érosion de l'éthique protestante n'est peut-être nulle part plus marquée que dans le domaine de la planification stratégique personnelle. Mon collègue Michael Laskaway a dernièrement bouclé une étude comparant le plan de carrière de jeunes adultes dans les années 1970 à ceux d'aujourd'hui[23]. Ces deux groupes ont suivi une formation universitaire et sont ambitieux; la différence frappante, entre eux, c'est la focalisation de leurs ambitions. Le groupe d'une génération antérieure pensait en termes de gains stratégiques à long terme; le groupe contemporain, de perspectives immédiates. Plus finement, le groupe plus ancien était capable de verbaliser ses objectifs, tandis que le groupe contemporain avait du mal à trouver un langage assorti à ses impulsions. En particulier, le groupe plus ancien savait définir ses gratifications finales, tandis que le groupe contemporain se distinguait par des désirs plus amorphes.

Un tel constat ne devrait pas nous surprendre. Dans les années 1970, la pensée sous forme de récits stratégiques s'accordait avec la perception qu'on avait des institutions; cette façon de penser, pour une personne jeune, ambitieuse, ne s'accorde pas avec l'image que donnent aujourd'hui les institutions de l'arête tranchante. Le problème, c'est le modèle : même quand les jeunes

23. Michael LASKAWAY, « Uncommitted : Contemporary Work and the Search for Self : A Qualitative Study of 28-34-Year-Old College-Educated Americans », thèse, New York University, 2004.

gens entrent aujourd'hui dans des pyramides de travail relativement figées, leur point de référence est le modèle fluide, tourné vers le présent, évoquant la possibilité plutôt que la progression.

Ici, la classe prime sur tout le reste. Un enfant privilégié peut se permettre la confusion stratégique, un enfant des masses ne le peut pas. Des opportunités sont susceptibles de se présenter à l'enfant privilégié en raison du contexte familial et des réseaux éducatifs ; le privilège diminue la nécessité de jouer les stratèges. Des réseaux humains solides et étendus permettent à ceux d'en haut de séjourner dans le présent ; les réseaux constituent un filet de sécurité qui réduit la nécessité d'une planification stratégique à long terme. La nouvelle élite a donc moins besoin de l'éthique de la gratification différée, alors que des réseaux épais offrent des contacts et un sentiment d'appartenance, peu importe pour quelle entreprise ou organisation on travaille. La masse, cependant, a un réseau plus mince de contact ou de soutien informels, et demeure donc plus dépendante de l'institution. On dit parfois que la nouvelle technologie peut corriger cette inégalité, les salles de « t'chat » électronique et les groupes d'affinité fournissant l'information dont un jeune a besoin pour sauter sur l'occasion. Dans le monde du travail, au moins pour le moment, tel n'est pas le cas. Le face-à-face importe. C'est pourquoi les *techies* – les salariés du secteur *high-tech* – fréquentent tant les conventions, et, de manière plus conséquente, les gens qui travaillent à domicile, et ne sont rattachés à leur bureau que par ordinateur, sont souvent mis à l'écart des réunions et des décisions informelles.

En règle générale, plus on est à un échelon modeste dans une organisation, plus son réseau est mince, et plus la survie requiert une pensée stratégique en bonne et due forme, et celle-ci, une carte sociale lisible.

*

Voici une façon de résumer notre propos jusqu'ici : l'érosion du capitalisme social a créé une nouvelle formule de l'égalité. La thèse de la nouvelle page a plaidé que le changement libérerait les gens de la cage de fer. La vieille structure institutionnelle a bel et bien été démantelée dans le domaine particulier des organisations flexibles. À sa place, s'impose une nouvelle géographie du pouvoir, le centre contrôlant les périphéries du pouvoir dans des institutions aux couches bureaucratiques intermédiaires toujours moins nombreuses. Cette nouvelle forme de pouvoir fuit l'autorité institutionnelle et se distingue par un faible capital social. Les déficits de loyauté, de confiance informelle et de savoir institutionnel accumulé aboutissent aux organisations de l'arête tranchante. Pour les individus, et alors même que la valeur du travail peut demeurer forte, le prestige moral du travail lui-même est transformé; le travail sur l'arête tranchante désoriente deux éléments clés de l'éthique du travail : la gratification différée et la réflexion stratégique à long terme.

Ainsi le social a-t-il été diminué; le capitalisme demeure. L'inégalité est de plus en plus liée à l'isolement. C'est de cette transformation particulière que se sont saisi les hommes politiques comme d'un modèle de « réforme » dans le domaine public.

2.

Le talent et le spectre de l'inutilité

Les photographies d'hommes agglutinés aux portes d'usines fermées, attendant du travail malgré la réalité évidente qu'ils avaient sous les yeux, donnent une image caractéristique de la Grande Crise des années 1930. Ces photographies troublent encore, parce que le spectre de l'inutilité n'a pas disparu ; son contexte a changé. Dans les économies riches de l'Amérique du Nord, de l'Europe et du Japon, des foules de gens veulent du travail sans réussir à en trouver.

Dans la Grande Crise, les individus croyaient à un remède personnel à l'inutilité qui dépassait toute panacée gouvernementale : leurs enfants devaient recevoir une éducation ainsi qu'une qualification particulière grâce auxquelles les jeunes seraient toujours nécessaires, toujours employés. Aujourd'hui aussi, c'est l'armure que cherchent les gens, mais encore une fois le contexte a changé. Dans la « société de compétences », nombre de ceux qui sont confrontés au chômage sont éduqués et qualifiés, mais le travail qu'ils veulent a migré vers des pays du monde où le travail qualifié est moins cher. Aussi des compétences d'une tout autre espèce sont-elles nécessaires.

Dans les pages suivantes, je compte étudier comment le spectre de l'inutilité se rattache à la solution de l'éducation et de la formation, à la *Bildung* comme disent les Allemands. Le lien impose de se poser quelques questions élémentaires. Que signifie la compétence – de manière plus globale, le talent ? Comment le fait d'être une personne de talent se traduit-il en valeur économique ? Ces questions jettent un pont entre l'économie, la psychologie et la sociologie ; leur champ est si vaste que je ne puis espérer trouver de réponses, mais seulement clarifier les problèmes.

Le spectre de l'inutilité a pris son premier tournant moderne avec l'essor des villes, dont les migrants n'avaient plus de terre à travailler sous les pieds. Les gens se déplaçaient vers les villes en tant que réfugiés agricoles dépossédés, dans l'espoir que les usines mécanisées pourvoiraient à leurs besoins. À Londres, cependant, pour prendre un exemple représentatif, on comptait en 1840 six travailleurs de sexe masculin pour chaque poste de travail non qualifié en usine. David Ricardo et Thomas Malthus ont été les premiers théoriciens modernes de l'inutilité : Ricardo a examiné comment les marchés et les machines industrielles réduisaient les besoins de main-d'œuvre tandis que Malthus a mesuré les conséquences perverses de la croissance démographique. Ni l'un ni l'autre n'envisagea que la cervelle puisse remédier à la surabondance de mains. Au début de l'ère industrielle, très rares étaient les travailleurs pouvant entreprendre des études supérieures ; l'ascension sociale était rare. Et les réformateurs éclairés eux-mêmes ne croyaient pas que le gros des masses pût autrement, au travail, devenir une main-d'œuvre utilement qualifiée. Malthus, comme Adam Smith avant lui et John Ruskin après, jugeait le travail en usine abrutissant. Les villes enflaient donc, et l'inutilité passait pour une conséquence certes tragique, mais nécessaire de la croissance.

Un des vrais acquis de la société moderne est de supprimer l'opposition entre *masse* et *mental*. Les établissements scolaires ont amélioré les normes d'alphabétisation sur une échelle que les Victoriens ne pouvaient imaginer. Le rêve de l'époque de la Crise, qu'un garçon pauvre et doué – plus rarement une fille – devienne médecin ou avocat, paraît de nos jours relever pour ainsi dire de la routine. *Grosso modo*, l'ascension sociale d'enfants de travailleurs non qualifiés dans les classes moyennes inférieures concerne 20 % d'entre eux en Grande-Bretagne et en Amérique, près de 15 % en Allemagne et près de 30 % en Chine : ce n'est pas beaucoup, et le phénomène est contrebalancé par la mobilité à la baisse, mais c'est beaucoup plus que dans la première ère industrielle.

Ces acquis indubitables ne font que donner une forme nouvelle et douloureuse à la première proposition de Ricardo. L'économie de compétences continue de laisser à la traîne la majorité ; plus finement, le système éducatif produit bon nombre de jeunes instruits inemployables ou, du moins employables dans des domaines auxquels ils n'ont pas été formés. Sous sa forme moderne, la proposition de Ricardo est que la société de compétences n'a peut-être besoin que d'un nombre relativement modeste de personnes instruites et talentueuses – surtout dans les secteurs de l'arête tranchante : haute finance, technologie de pointe et services sophistiqués. La machine économique est sans doute en état de tourner avec profit et efficacité en faisant appel à une élite toujours plus réduite.

LE SPECTRE DE L'INUTILITÉ

Trois forces façonnent le spectre de l'inutilité en tant que menace moderne : l'offre mondiale de travail, l'automation et la gestion du vieillissement. Chacune n'est pas tout à fait ce qu'elle pourrait paraître à première vue.

Quand la presse publie des articles alarmistes sur l'offre mondiale de travail qui draine les emplois des pays riches vers les pays pauvres, on présente généralement les faits sous la forme d'un « nivellement par le bas » en termes purement salariaux. Le capitalisme cherche prétendument le travail où le travail est le moins cher. Cette vision des choses est à moitié fausse. Une espèce de sélection culturelle est aussi à l'œuvre : les emplois quittent les pays à hauts salaires comme les États-Unis et l'Allemagne, mais migrent vers les économies à bas salaires avec des travailleurs qualifiés, parfois surqualifiés.

Les centres d'appel indiens en sont un bon exemple. Dans ces centres, les emplois sont occupés par des gens qui sont au moins bilingues ; ils ont raffiné leurs compétences linguistiques de telle façon que l'appelant ne sache pas s'il est à Hartford ou à Bombay. De nombreux employés des centres d'appel ont deux années de formation universitaire ou plus ; qui plus est, ils ont été bien formés à leur tâche. Les centres d'appel indiens insistent sur le *stretch-learning* ou « apprentissage extensif », consistant à avoir suffisamment d'informations en tête pour pouvoir répondre rapidement à la plupart des questions concevables, permettant ainsi un renouvellement rapide des appels. Les centres donnent aussi à leurs employés une « formation en ressources humaines » en sorte, par exemple, qu'ils ne laissent jamais paraître leur exaspération face à un appelant qui a l'esprit brouillé. Les employés indiens sont plus instruits et mieux formés que leurs homologues des services d'appel en Occident (exception faite des services irlandais et allemands, proches des normes indiennes). Les salaires sont bel et bien abominables, et versés à des employés très capables.

On retrouve en partie le même phénomène dans certains emplois industriels qui ont migré vers le Sud. Un exemple frappant est celui des usines de sous-montage automobile à la frontière septentrionale du Mexique. Les gens accomplissant des formes de travail très routinières sont très souvent des mécaniciens hautement qualifiés qui ont quitté des ateliers de carrosserie pour travailler sur des chaînes de montage.

Dans le Nord du pays, les travailleurs à la chaîne des *maquiladoras* mexicaines pourraient bien être contremaîtres ou juste au-dessous.

L'image économique la plus redoutable de la course économique vers le bas est celle d'enfants quittant la maison et l'école pour travailler dans les *sweatshops* ou ateliers-bagnes du Sud. Cette image n'est pas fausse mais, plutôt, incomplète. Le marché du travail recherche aussi le talent à bon marché. Pour les employeurs de travailleurs surqualifiés, l'attrait est le même dans le Sud que dans le monde plus développé. Ces travailleurs capables excellent à résoudre les problèmes, surtout quand quelque chose se passe mal dans les tâches de routine.

Quant à ceux qui prennent ces postes, ils se révèlent, à leur tour, très entreprenants. Dans les *maquiladoras* mexicaines, les ouvriers de la chaîne de montage sont à même de monter un dossier de crédit au bout de quelques années de travail à rémunération fixe, ce qui peut leur permettre ensuite d'emprunter aux banques afin de lancer une petite affaire à eux. L'incitation du crédit n'est pas tout à fait aussi puissante qu'en Inde, où la force motrice est la sous-traitance. Dans les centres d'appels indiens, beaucoup d'employés, une fois formés, ont lancé de petites affaires qui sous-traitent le travail de centre d'appel de grandes entreprises étrangères.

Il importe, bien entendu, de garder tout ceci en perspective. De même que le gros des emplois du Sud sont occupés par des travailleurs agricoles dépossédés, l'espoir de devenir un petit entrepreneur, homme ou femme, ne restera pour beaucoup qu'un espoir, bien que le nombre de *start-ups*, ou « jeunes pousses », en Inde, au Mexique, en Chine et en Indonésie ait connu une croissance presque exponentielle au cours des dix dernières années. Ce qu'il faut souligner, c'est que ces gens ne sont pas ceux de Ricardo. On ne saurait les ranger purement et simplement au nombre des victimes, puisqu'ils participent au système et y sont intéressés.

Si j'y insiste, c'est en raison des conséquences que cela a chez nous. Leur statut est plus élevé que celui de leurs pairs dans le Nord, même s'ils sont moins payés. Le mélange de motivation et de formation, leur *Bildung*, présente un attrait particulier pour les employeurs. Chez nous, les gens qui se retrouvent sur la touche devraient augmenter leur capital humain pour être compétitifs, mais peu en sont capables ; peu compétitifs face à ces pairs étrangers, ils doivent faire face au fait qu'ils ne sont plus nécessaires. Le spectre de l'inutilité recoupe ici la peur des étrangers, qui, sous la croûte du simple préjugé racial ou ethnique, est infléchie par l'angoisse que des étrangers puissent être mieux armés pour survivre. L'angoisse en question a une certaine base dans la réalité. La *mondialisation* désigne, entre autres choses, le sentiment que les sources d'énergie humaine se déplacent, et que ceux du monde déjà développés peuvent se retrouver en conséquence sur la touche.

Le deuxième spectre de l'inutilité réside dans l'automation. La peur que les machines remplacent les hommes est ancienne. L'apparition des premiers métiers à filer à vapeur provoqua des émeutes chez les tisserands français et britanniques ; à la fin du XIXe siècle, il est devenu douloureusement évident, pour bien des métallos, qu'ils allaient être « déqualifiés », les machines exécutant des tâches compliquées tandis que les hommes se trouvaient réduits à des tâches de routine mal payées. Par le passé, cependant, la menace de l'automation a été dramatisée à l'excès.

Le problème réside dans la conception et le développement des machines elles-mêmes. Qu'on me permette de donner un exemple personnel. Mon grand-père, designer industriel, a travaillé seize ans (de 1925 à 1941) sur le prototype d'un bras robotique capable de manipulation au millimètre près : les engrenages nécessaires à cette machine *high-tech* coûtaient une fortune, et le bras lui-même nécessitait un réajustement permanent. Après avoir dilapidé une fortune au profit de mon grand-père, son patron décida que les doigts humains qualifiés étaient meilleur marché. C'est une histoire qui s'est répétée dans le monde du design industriel. Les seules économies réelles produites par la véritable automation – où l'essentiel sinon la totalité du processus de production est le fait de machines – sont l'apanage des industries lourdes de gros volume produisant des articles tels que des câbles électriques ou des tuyaux métalliques.

Grâce à la révolution de l'informatique et de la microélectronique, le bras robotique de mon grand-père est un outil qu'il est désormais possible de dessiner rapidement et efficacement à l'écran ; des microprocesseurs remplacent les engrenages et manettes complexes et vulnérables qu'il imagina. Dans les services, l'automation a transformé la science-fiction du passé en réalité technique. Je pense aux systèmes de répondeurs vocaux intelligents – future menace de l'automation sur les centres d'appel – ou aux lecteurs de code-barre, qui ont transformé la comptabilité, la gestion des inventaires et la vente au comptoir. L'électronique permet en outre l'automation du contrôle de la qualité : le censeur laser, plus rigoureux, remplace l'œil humain.

Les fabricants emploient ces technologies de façon particulière. L'automation permet aux industriels non seulement de répondre rapidement aux changements de la demande, puisque les machines peuvent être vite reconfigurées, mais aussi d'exécuter des rotations rapides au gré des changements de la demande et de garder ainsi des inventaires peu élevés.

L'automation procure donc désormais réellement des gains de productivité et permet d'économiser sur la main-d'œuvre. En voici deux exemples : de 1998 à 2002, la Sprint Corporation a augmenté sa productivité de 15 % en utilisant un logiciel de reconnaissance vocale avancé et a accru ses recettes année après année de 4,3 %, tout en réduisant son personnel de 11 500 personnes sur quatre ans. Dans l'industrie lourde, de 1982 à 2002, la production sidérurgique aux États-Unis est passée de 75 à 102 millions de tonnes alors même que le nombre de sidérurgistes a chuté de 289 000 à 74 000. Ces emplois n'ont pas été exportés ; pour l'essentiel, ce sont des machines sophistiquées qui ont pris la relève[1].

Ce qui revient à dire que les travailleurs modernes se trouvent finalement confrontés au spectre d'une inutilité automatisée.

Par le passé, quand les sociologues pensaient à l'automation, ils imaginaient que des emplois nouveaux ou un plus grand nombre de cols blancs ou de services à la personne seraient créés, tandis que des machines remplaceraient nos deux mains. C'est cette conviction qui inspirait la thèse « post-industrielle » avancée aussi bien par Daniel Bell que par Alain Touraine[2]. L'idée d'un tel glissement avait du sens, compte tenu de l'état des machines voici cinquante ans ; à des fins pratiques, ces machines n'étaient utilisables qu'à des tâches mécaniques. Les machines dont nous disposons aujourd'hui peuvent supprimer des emplois de tous types : chez Sprint, les emplois perdus l'ont été dans le secteur des services aux personnes.

De quel genre de machines s'agit-il ? Quand l'horloger Jacques de Vaucanson fabriquait un joueur de flûte mécanique au milieu du XVIIIe siècle, le miracle du robot semblait être sa *ressemblance* avec un être humain vivant. Dans l'esprit de Vaucanson, une bonne partie de la technologie d'automation continue de se focaliser aujourd'hui sur l'imitation de la voix ou de la tête de l'homme – dans le second cas avec ces caméras

1. Jeremy RIFKIN, *The End of Work : The Decline of the Global Labor Force and the Dawn of the Post-Market Era*, New York, Putnam's Sons, 1995 ; en français, *La Fin du travail*, trad. P. Rouve, Paris, La Découverte, 1996 ; et Jeremy RIFKIN, « The Return of a Conundrum », *The Guardian*, 2 mars 2004.

2. Daniel BELL, *The Coming of Post-Industrial Society : A Venture in Social Forecasting*, New York, Basic Books, 1973 ; en français, *Vers la société post-industrielle*, trad. P. Andler, Paris, Robert Laffont, 1976 ; Alain TOURAINE, *La Société post-industrielle*, Paris, Denoël, 1969.

de surveillance intelligentes qui pivotent et se fixent sur tout ce que la machine « voit » d'inhabituel. Mais d'autres technologies n'imitent pas les êtres humains ; c'est vrai notamment de l'informatique, qui calcule à des vitesses que personne ne pourrait égaler. L'image de mains remplacées par une machine est donc inexacte : comme l'a observé l'analyste du travail Jeremy Rifkin, le domaine de l'inutilité s'étend à mesure que les machines font des choses qui ont une valeur économique mais dont les êtres humains ne sont pas capables.

La migration mondiale des emplois et la véritable automation sont des cas particuliers qui affectent certaines tâches, mais pas toutes. Le vieillissement définit un domaine bien plus vaste d'inutilité. Tout le monde vieillit. Affaiblis, nous devenons tous, le moment venu, inutiles au sens d'improductifs. Dans l'économie moderne, l'âge en tant qu'indicateur d'inutilité, fait l'objet d'un double réglage minutieux.

Le premier passe par les simples préjugés. Au début des années 1990, quand j'interrogeais des gens qui travaillaient dans la pub, mes sujets craignaient de « se faire vieux » sitôt passée la trentaine et d'être « hors jeu » à quarante ans. L'organisation tranchante a bel et bien tendance à traiter les employés plus âgés comme des individus figés, lents et perdant leur énergie. Dans la publicité et les médias, les préjugés contre l'âge vont de pair avec les préjugés sexistes : les femmes d'âge mûr sont particulièrement stigmatisées pour leur manque de ressort. On retrouve le même assortiment de préjugés dans les services financiers.

L'âgisme incarne un paradoxe évident. La médecine moderne nous permet de vivre et de travailler plus longtemps que dans le passé. Il était sensé en 1950 de fixer l'âge de la retraite à cinquante-cinq ou soixante ans, parce que l'ouvrier moyen de sexe masculin avait toute chance de vivre jusqu'à soixante-dix et quelques années. De nos jours, 50 % des Américains de sexe masculin passent le cap des quatre-vingts ans et la plupart sont en bonne santé jusqu'à soixante-dix ans et plus. L'âge de la retraite restant fixé à la norme ancienne, les hommes disposent désormais de quinze à vingt ans où ils pourraient être employés de manière productive, mais où ils ne le sont pas. *Grillé* : le mot s'applique plus justement au caractère du travail qu'à l'état physique de l'ouvrier. D'un point de vue physiologique, il serait parfaitement possible à un homme d'âge mûr de travailler douze heures par jour à vendre des devises à travers le monde – dès lors qu'il n'a pas de famille ni de centres d'intérêt à l'extérieur.

L'âge touche plus directement la question du talent si nous pensons à la durée de vie d'une compétence. Si vous êtes ingénieur, combien de temps vous serviront les compétences que vous avez acquises à l'université? De moins en moins longtemps. L'« extinction des compétences » s'est accélérée non seulement dans le travail technique, mais aussi en médecine, en droit et dans divers métiers. En informatique, on estime que les réparateurs doivent se recycler trois fois au cours de leur vie professionnelle; le chiffre est à peu près le même pour les médecins. Autrement dit, acquérir une compétence, ce n'est pas posséder un bien durable.

L'économie du marché du travail intervient ici de manière particulièrement destructrice. Un patron pourrait choisir soit de recycler un homme de cinquante ans pour qu'il se mette à jour, soit de recruter un brillant jeune de vingt-cinq ans déjà prêt à foncer. Il est beaucoup moins cher de recruter le brillant jeune homme : moins cher parce que l'employé plus âgé aura une base salariale plus élevée et parce que les programmes de recyclage du personnel sont eux-mêmes des opérations coûteuses.

Ce processus de remplacement comporte un autre aspect social. Les employés plus âgés sont généralement plus autonomes et critiques à l'égard de leurs patrons que les plus jeunes. Dans les programmes de recyclage, les employés plus âgés se conduisent comme d'autres étudiants mûrs, jugeant la valeur de la compétence proposée et la façon dont elle est enseignée à la lumière de ce qu'ils ont eux-mêmes vécu. Le travailleur expérimenté complique le sens de ce qu'il apprend en jugeant sa valeur en fonction de son passé. Le Jeune Turc, en revanche, est un stéréotype que viennent démentir maintes études de jeunes travailleurs eux-mêmes : manquant d'expérience et de statut dans une entreprise, ils ont tendance à se conduire prudemment, et s'ils n'aiment pas les conditions qui leur sont faites sur leur lieu de travail, ils sont enclins à partir plutôt qu'à résister. Cette porte leur reste ouverte parce que, étant jeunes, leur bagage familial et social est moins encombrant. Dans les entreprises, l'âge fait donc une différence importante entre ce que l'économiste Albert Hirschman appelle la « défection » *(exit)* et la « prise de parole » *(voice)*. Quand ils sont mécontents, les jeunes travailleurs, plus souples, privilégient la défection ; plus critiques, les plus âgés expriment leurs insatisfactions.

Pour Hirschman, cette ligne de partage vaut dans toutes les entreprises, mais elle vaut par-dessus tout pour celles de l'arête tranchante tant ces entreprises supportent mal les doutes et l'introspection mesurée. Précisément parce que les entreprises flexibles attendent des employés qu'ils circulent, et précisément parce que ces entreprises ne récompensent pas le service ni la longévité, le choix du patron est clair. Le jeune est à la fois moins cher et moins encombrant. Les nombreuses entreprises qui investissent dans les compétences de leurs employés à long terme sont habituellement des formes d'organisation plus traditionnelles. Dans l'optique d'Hirschman, ces investissements seront surtout le fait d'entreprises qui comptent la loyauté au nombre des actifs sociaux.

Dans les entreprises qui abandonnent les structures du capitalisme social, la conséquence personnelle de la focalisation sur le jeune talent est que, plus l'expérience augmente, moins elle a de valeur. Au fil de mes entretiens, j'ai constaté que ce dénigrement de l'expérience était notoirement fort chez les consultants, qui, professionnellement, ont tout intérêt à penser ainsi. Leur travail est de changer les institutions, et il les oblige donc à se méfier des employés retranchés dont le savoir institutionnel accumulé paraît faire obstacle au changement rapide. Naturellement, les consultants ne forment pas un bloc ; une bonne partie du travail actuellement accompli par le Boston Consulting Group, par exemple, accepte le lien insécable entre compétence et expérience. L'effet de l'essor des années 1990 a cependant été de légitimer des formes de conseil plus superficielles et ponctuelles telles que l'intervention à la BBC décrite par Georgina Born. Dans cette intervention-éclair, la « compétence » a été définie comme la capacité de faire du neuf plutôt que de puiser dans ce qu'on a déjà appris à faire. Le consultant mettant en œuvre un changement soudain doit tabler sur un élément-clé du moi idéalisé de la nouvelle économie : la capacité d'abdiquer, d'abandonner la possession d'une réalité établie.

Cette formule – en augmentant, l'expérience perd de sa valeur – a une réalité plus profonde dans l'économie assagie d'aujourd'hui. L'extinction des compétences est un trait durable du progrès technique. L'automation est indifférente à l'expérience. Les forces du marché continuent de faire en sorte qu'il est moins cher d'acheter des compétences fraîches que de payer un recyclage. Et les travailleurs capables du Sud exercent un attrait que ne saurait endiguer le travailleur du Nord en invoquant son expérience.

Ces conditions se sont conjuguées pour donner au spectre de l'inutilité une réalité tangible dans la vie de bien des gens aujourd'hui. Le mantra brutal de la « compétence », en soi, ne saurait s'adresser à eux. Avant de traiter du genre de compétence qui pourrait les concerner, je dois rattacher ce tour d'horizon économique à la sphère publique.

*

Le spectre de l'inutilité lance un défi à l'État-providence : l'État *grosso modo* conçu comme versant des prestations à ceux qui sont dans le besoin. Que va-t-il offrir aux gens qui sont mis sur la touche ?

Le bilan des réponses apportées à la fin du XXe siècle n'était pas bon. Même dans des pays comme la Grande-Bretagne et l'Allemagne, qui ont des programmes de recyclage de bonne qualité, il s'est révélé difficile de soigner le chômage résultant de l'automation. L'État-providence du XXe siècle a été inapte dans son traitement de l'automation parce que les responsables politiques ont manqué d'imagination. Les planificateurs n'ont pas su comprendre à quel point l'automation pouvait fondamentalement changer la nature même du processus de production. Dans la sidérurgie, par exemple, les mêmes forces qui ont contracté les effectifs de la fonderie ont réduit le personnel de bureau. Non seulement les pouvoirs publics se sont dérobés devant l'énormité de cette transformation, mais les syndicats ont refusé de penser le phénomène, préférant se focaliser sur la protection de l'emploi des travailleurs en place, plutôt que sur la configuration de la main-d'œuvre future. Le médiateur américain Theodore Kheel, fondateur d'Automation House, a prêché comme un prophète en plein désert quand il faisait valoir aux gouvernements occidentaux que le seul « remède » à l'automation était de transformer en emplois rémunérés des tâches jusque-là non rémunérées comme les soins aux enfants et les services rendus à la collectivité.

L'État-providence s'est révélé tout aussi incapable de traiter de l'âge. Le développement de systèmes de retraite et de systèmes médicaux à financement public au XXe siècle peut se comprendre comme une forme de redistribution de richesse des jeunes vers les plus âgés. La longévité croissante des personnes âgées met aujourd'hui à rude épreuve cette redistribution de richesse, de même que le déclin de la natalité dans les sociétés développées, en sorte que le nombre de travailleurs finançant le système diminue. En termes de santé, les personnes âgées se taillent la part du lion dans la consommation des ressources médicales. Bien que juste, le système est devenu, chacun le sait, financièrement intenable. Dans ce bourbier, l'éthos de l'âge du nouveau capitalisme en vient à jouer un rôle de premier plan. Cet éthos diminue la légitimité de ceux qui sont dans le besoin. De récentes études sur de jeunes travailleurs montrent qu'ils vivent mal de payer pour leurs aînés, et même quelqu'un d'aussi âgé que moi comprend ce ressentiment. Les jeunes n'ont pas été invités à se prononcer sur la redistribution de la richesse.

Des attitudes culturelles ont, en définitive, détourné le domaine public de s'occuper du spectre de l'inutilité. L'« homme nouveau » s'enorgueillit de fuir la dépendance, et les réformateurs de l'État-providence ont pris cette attitude pour modèle : à chacun son conseiller médical ou son gestionnaire de fonds de pension. En pratique, comme dans le public, cela ampute la responsabilité publique. Mais c'est aussi se dérober devant une vérité également rude. L'inutilité engendre la dépendance ; le manque nourrit le besoin d'aide.

Les sujets les plus touchés que des chercheurs comme Kathleen Newman et moi avons interrogés appartiennent à la classe moyenne. Ce sont des hommes d'âge mûr qui, coupés de la vieille culture d'entreprise, ont eu du mal à trouver une place dans la nouvelle. Il importe de ne pas faire de sentiment sur leur condition pour bien comprendre leurs problèmes. Parmi ceux que nous avons interrogés, peu sont portés à s'apitoyer sur leur sort. Quand ils deviennent consultants, comme beaucoup le font, ils suivent avec acharnement toutes les pistes ; la plupart sont déterminés à regarder en face leur « peur de chuter », comme dit Newman. Mais dans leurs communautés, ces marginaux deviennent invisibles. Les autres finissent par éviter de leur poser trop de questions, par crainte d'aborder le problème de l'inutilité. « Vos amis parlent de sport et de gosses avec vous, mais évitent le sujet des affaires», me dit un programmeur d'âge mûr. Quand des hommes marginalisés essaient d'utiliser le réseau de contacts qu'ils ont noués dans leurs anciennes entreprises, «c'est comme si personne ne vous connaissait», observe un autre. Le silence qui entoure leur marginalité marque le plus grand tabou social de l'Amérique : un échec, le sujet dont il est interdit de faire état.

La plupart des gens que nous avons interrogés savent qu'ils ont besoin d'aide, mais ne savent pas sous quelle forme elle pourrait venir. Les institutions publiques sont effectivement mal adaptées pour s'occuper de dégringolade sociale. L'État-providence pourvoit aux besoins des chômeurs, mais ces hommes qui ont tendance à être sous-employés ne sont donc pas pris en compte. La marginalité, sous la forme du sous-emploi ou du demi-emploi, soulève, à propos des ressources humaines, des questions qui échappent au calcul statistique, bien que le phénomène soit assez réel : on estime qu'aux États-Unis près d'un cinquième des hommes de cinquante ans et plus souffrent de sous-emploi. Il n'existe pas de chiffres pour les femmes de cette classe d'âge, mais compte tenu des préjugés sur les femmes au travail en général, et les femmes d'âge mûr en particulier, les chiffres du sous-emploi parmi elles ne sauraient être inférieurs.

La question du sous-emploi renvoie à un problème plus général de la sphère publique. Les discussions de la politique de protection sociale recourent volontiers à la rhétorique de la misère, des vies perdues, etc. ; la voie la plus simple de la réforme consiste à faire un contraste tranché entre dépendance et indépendance. Mais l'inutilité et la marginalité admettent toutes les nuances de gris. En éliminant ces couleurs, l'État évite le problème épineux des moyens d'aider les «relativement nécessiteux», les «un peu dépendants». Les politiques qui s'attaquent à ces problèmes délicats devraient être beaucoup plus élaborées et finement réglées qu'elles ne le sont aujourd'hui.

Pour dire les choses en termes abstraits, un État-providence peut se simplifier en traitant la dépendance, la marginalité et le besoin comme des absolus.

À la fin de cet essai, j'entends évoquer comment la sphère publique pourrait aborder les ambiguïtés de l'inutilité. Pour en poser les fondements, je dois élaborer plus clairement les deux mots clés qui définissent le talent : le métier et la méritocratie.

MÉTIER ET MÉRITOCRATIE

Le *métier* est un mot qui est le plus souvent appliqué aux travailleurs manuels. Il dénote la recherche de la qualité dans la fabrication d'un violon, d'une montre ou d'un pot. C'est une vision trop étroite. Le métier mental existe également, comme dans l'effort pour écrire clairement ; le métier social pourrait consister à faire un mariage viable entre les deux notions. Une définition englobante du métier serait « faire bien quelque chose pour le plaisir de bien faire ». L'autodiscipline et l'autocritique ont leur place dans tous les domaines du métier. Les normes importent, et la quête de la qualité devient idéalement une fin en soi.

Qui dit métier, dit objectification. Quand Nicolò Amati faisait un violon, il ne s'exprimait pas à travers le violon. Il faisait un violon. Quels que fussent ses sentiments, il s'investissait dans cet objet : le jugement qu'il portait sur lui-même était de savoir s'il avait bien fait la chose ou non. Qu'Amati fût déprimé ou non quand il travaillait ne nous intéresse pas ; ce qui nous préoccupe, c'est la découpe des ouïes en forme de f et la beauté du vernis. Voici ce que signifie l'objectification : un objet fait pour avoir une importance en soi.

Cet esprit d'objectification peut rendre fiers de leur travail même des travailleurs de bas niveau, apparemment non qualifiés. Par exemple, dans les années 1970, mon étudiante Bonnie

Dill a étudié des femmes de ménage à Harlem : des noires mal payées, souvent maltraitées par leurs employeurs blancs du centre ville. À la fin de la journée, ces femmes sauvegardaient une parcelle d'estime de soi du simple fait qu'elles avaient bien fait le ménage dans une maison, alors même qu'elles en étaient rarement remerciées[3]. La maison était propre. Quand j'ai étudié les boulangers de Boston, dans les mêmes années, dans une boulangerie familiale où les plus jeunes étaient traités rudement et pressurés par les pères et les oncles, les résultats, au petit matin, rachetaient en partie la peine : le pain était bon[4]. S'il importe de ne pas faire de lyrisme sur le baume du métier, il importe également de comprendre que bien faire quelque chose a son importance en soi. Le savoir-faire compte pour quelque chose, suivant un indicateur à la fois concret et impersonnel : propre, c'est propre.

Ainsi compris, le métier a du mal à trouver sa place dans les institutions du capitalisme flexible. Le problème réside dans la dernière partie de notre définition : faire une chose pour elle-même. Plus on comprend comment bien faire une chose, plus on s'en soucie. Les institutions fondées sur des transactions à court terme et des tâches sans cesse renouvelées n'engendrent pas cette profondeur. En vérité, l'organisation peut la craindre; le mot de code du management est ici *polarisé.* Qui creuse une activité à seule fin de bien faire peut paraître aux autres polarisé, au sens de fixé sur une seule chose – et l'obsession est bel et bien nécessaire à l'homme de métier. Il se tient au pôle opposé du consultant, qui s'en va aussi vite qu'il est arrivé sans jamais faire son nid. De surcroît, approfondir ses compétences dans un domaine prend du temps. Il faut habi-

3. Bonnie DILL, « Across the Boundaries of Race and Class : An Exploration of the Relationship Between Work and Family Among Black Female Domestic Servants », thèse, New York, 1979.

4. R. SENNETT, *Le Travail sans qualités, op. cit.*

tuellement trois ou quatre ans à un jeune professionnel frais émoulu de l'université pour trier ce qui était vraiment utile dans les matières qu'il a étudiées. Approfondir ses capacités par la pratique va à contre-courant des institutions qui veulent des gens qui fassent quantité de choses différentes à bref délai. Tandis que l'organisation flexible a besoin de gens futés, elle connaît des difficultés s'ils s'attachent au métier.

J'ai trouvé un bon exemple de ce conflit en revenant voir un groupe de programmeurs, avec qui j'avais autrefois effectué des entretiens, dans une grande société de logiciel que la loi m'interdit de nommer ici. Ces programmeurs vivaient mal la pratique de l'entreprise consistant à expédier des logiciels incomplètement formulés dans des versions ensuite « corrigées » *via* les combats et les plaintes des consommateurs. Quoique profondément hostiles aux syndicats, les programmeurs mettaient sur pied un vague mouvement professionnel – nom de code : maturation intérieure – exigeant que la société renonce à cette pratique très rentable, mais douteuse. Ils réclamaient le temps d'arranger les programmes ; leur sentiment d'avoir un travail qui ait du sens dépendait de leur capacité de bien faire le travail en soi.

La méritocratie pose à l'organisation flexible un problème d'un autre type. Pour comprendre le mot, il nous faut remonter dans le temps.

Quand l'héritage était pour les Européens la réalité dominante, il ne pouvait y avoir de méritocratie au sens simple où nous l'entendons, celui de récompenser ou de gratifier une personne pour le travail dont elle s'acquitte bien. Les gens héritaient d'offices au sein de l'Église ou à l'armée, tout comme ils héritaient de terres. Autrement dit, les positions étaient des possessions. De ce fait, qu'un évêque eût de la religion était un heureux hasard, en aucune façon une qualification nécessaire pour le poste. Plus gravement, dans un monde d'armées et de flottes où les officiers héritaient leurs grades, un commandant incompétent, si grandes que fussent les souffrances qu'il provoquait, ne pouvait être écarté de son poste. Il le possédait.

L'héritage n'étouffait pas la valeur accordée au talent. La position dans la vie et la compétence qu'on possédait étaient deux mondes sociaux parallèles. C'est l'artiste de la Renaissance qui, le premier, commença de jeter un pont entre les deux. Michel-Ange exigea de ses mécènes qu'ils s'inclinassent devant son génie – le génie seul lui valant son rang. L'autobiographie de Benvenuto Cellini montre comment l'exigence se mit à défier les institutions. Le jeune Cellini était entré dans la corporation des orfèvres : métier d'élite où maint autre peintre de la Renaissance débuta sa carrière. C'est largement par héritage, mais pas exclusivement, qu'on y entrait ; et on ne progressait au sein de la guilde que quand un plus haut placé mourait ou se retirait. Cellini (1500-1571) brûla les étapes en échappant au cursus traditionnel. L'homme était dévoré d'ambition pour lui-même et pour son art. Il accusa de corruption les guildes et les institutions qui ne récompensaient pas le seul talent.

Dans cette accusation, s'entend une note nouvelle, moderne : l'équation du talent et de la valeur personnelle. La capacité implique une sorte de prestige moral. Et cette note est sociale aussi bien que personnelle. Le métier trouve aisément sa place dans le cadre de la corporation médiévale où l'apprenti autant que le maître pouvaient chercher à bien faire pour bien faire. De nos jours, le talent est mesuré comme une inégalité sociale d'un nouveau genre : *créatif* ou *intelligent* signifie *supérieur* aux autres, c'est-à-dire *valoir plus*. C'est ici que réside le passage du métier à la méritocratie.

La méritocratie a pris forme quand les institutions ont commencé à se structurer sur cette sorte d'inégalité. Un moyen de dater cette naissance se trouve dans la carrière de Samuel Pepys qui, dans les années 1660, fut un des premiers officiels capables de faire son chemin dans l'administration du seul fait qu'il était malin ; en particulier, Pepys excellait à ajouter et à soustraire. À l'Amirauté, il travaillait au ravitaillement de la flotte ; il devait calculer combien de boulets de canon et quelle quantité de bœuf salé charger dans les navires. Il prétendait mériter ce poste en raison de ses capacités mathématiques, de préférence au comte de Shrewsbury, dont la seconde tante était la nièce du monarque régnant. En la personne de Pepys, pour ainsi dire, Cellini avait enfoncé les portes de la bureaucratie.

C'est dans le domaine de l'organisation militaire que la notion de carrières ouvertes au talent s'est pour la première fois frayée un chemin. Comme la pyramide bureaucratique, l'armée a dégagé la voie aux carrières ultérieures ouvertes au talent dans les affaires. Des écoles militaires comme Saint-Cyr, créée à la fin du XVIIe siècle, obligèrent les jeunes officiers à apprendre les mathématiques nécessaires à la stratégie balistique. Les écoles militaires innovèrent en créant les premiers tests de capacité, ce qui était une innovation radicale au XVIIIe siècle. À Saint-Cyr comme dans les académies militaires prussiennes, il n'y avait pas de tricherie possible : les personnes testées apparaissaient sous des numéros plutôt que sous des noms. On rendait un jugement impersonnel sur le contenu de la cervelle d'un homme. Les tests offraient ainsi un indicateur relativement objectif de la capacité d'un individu – en tout cas, plus objectif que le contexte familial ou les relations.

Les institutions militaires n'ont donc pas seulement découvert le talent, elles ont *objectivé l'échec* ; les crétins ont été éliminés indépendamment de leurs origines familiales. En un sens, ce négatif a été encore plus important que le positif. Une procédure bureaucratique mesurait désormais quelque chose de profond chez l'individu, le punissant (lui, puis elle) de son incapacité. Les indicateurs absolus d'incompétence ne firent que renforcer le « mérite » de ceux qui réussissaient ; un jugement personnel déterminait la valeur personnelle.

Bien entendu la classe et l'argent comptaient encore; jusqu'à l'aube du XIXe siècle, à travers l'Europe, un riche pouvait acheter un brevet d'officier, mais le soldat de métier avait vu le jour, avec le prestige particulier qui s'attache au professionnel. Avec le temps, les mêmes structures devaient régir le développement d'autres professions dans la société civile, et avec la même importance attachée au jugement : droit, médecine, comptabilité, éducation, tous finirent par suivre le modèle militaire. L'économie s'y mit en dernier : l'école de commerce moderne achève la transformation commencée à Saint-Cyr. De nos jours, les entreprises testent et mesurent jusqu'à l'obsession les employés sur le lieu de travail, afin que le talent soit récompensé, et, de manière plus lourde de conséquence, l'échec certifié et donc légitimé.

La plupart des discussions sur le traitement préférentiel dans l'enseignement et l'emploi de certaines catégories, en fonction de leur origine ethnique ou de leur classe, tournent autour de la façon dont la méritocratie a pris forme en tant que jugement impersonnel sur les individus. D'un côté, on fait valoir que la société dominante est discriminatrice envers les groupes subordonnés; de l'autre, que la société possède les instruments techniques pour déterminer qui, en tant qu'individu, est doué. Tout le débat est pénétré d'un jugement éminemment personnel; la recherche du talent n'est pas un exercice technique. Le mérite est une catégorie bien plus personnellement intrusive que la compétence.

Le sens spécifique du *mérite* apparaît dans une vaste enquête menée sur plusieurs décennies, au milieu du XXe siècle, par le sociologue américain Otis Dudley Duncan. Il demanda d'abord à des Américains, puis à des ressortissants d'autres pays, de classer le prestige de diverses activités professionnelles et trouva des uniformités frappantes : les médecins, les infirmières, les enseignants et les travailleurs sociaux étaient des professions plus admirées que celles de cadre d'entreprise ou d'agent de change, aux rémunérations plusieurs fois supérieures ; l'enseignant et l'infirmière sont beaucoup plus admirés que l'homme politique, qui arrive en queue de liste. L'enquête montra aussi que les artisans qualifiés comme les électriciens ou les menuisiers jouissent d'un grand prestige.

La raison de ce classement saute aux yeux. Tous les travailleurs de grand prestige ont en eux un talent développé, une compétence mentale ou manuelle qui n'est pas tributaire des circonstances. Je soupçonne qui si Duncan avait substitué « homme d'État » à « homme politique », la classe politique eût grimpé dans l'estime publique parce que l'image concerne alors un projet qui dépasse la manipulation des circonstances et le public lui-même. La recherche de Duncan illustre l'équation du prestige professionnel avec l'autonomie et le fait de se diriger soi-même, plutôt qu'avec l'argent et le pouvoir. Dans le monde du travail, c'est sur cette base qu'on juge du mérite.

Cellini, je crois, aurait compris la formule : mérite égale autonomie. Il aurait compris que la méritocratie transforme l'esprit du métier en une comparaison désobligeante, éminemment personnelle. En revanche, il serait dérouté par l'appareil bureaucratique qui réifie le mérite, par la bureaucratisation du talent qui s'est produite avec le développement de la société moderne. Cet appareil bureaucratique de la méritocratie a créé une cage de fer pour la capacité. Mais c'est une cellule de réclusion solitaire.

*

Pour comprendre cet appareil, il ne faut jamais perdre de vue un fait qui paraît aller de soi et une subtilité. L'évidence est que les jugements de capacité sont à double face : ils distinguent la capacité en même temps qu'ils éliminent l'incompétence ou l'incapacité. Cette évidence paraît un peu plus problématique, cependant, si nous revenons au capitalisme social tel que Bismarck le premier l'a conçu. Dans ses institutions, la promotion se faisait au mérite, mais aussi à l'ancienneté. L'appareil visait à inclure les masses, qu'elles fussent compétentes ou non, du moment que celles-ci y consacraient leur temps et servaient l'institution.

La recherche du talent dans la société moderne, en particulier dans les institutions dynamiques, opère dans un cadre d'inclusion sociale. Ces tests, ces jugements et ces jalons qui récompensent les meilleurs servent précisément de base pour reléguer les autres sous le niveau de l'élite. Ce côté Janus de la quête de talent est flagrant en cas de fusion d'entreprises ou quand une seule entreprise décide de procéder à une compression de personnel. Les bureaucraties essaient souvent de légitimer leur décision de se débarrasser de couches ou de catégories de gens en affirmant que seuls restent ceux qui le méritent. Bien entendu, il peut s'agir d'une fiction intéressée, mais ces institutions sont conduites à justifier un changement impersonnel, hâtif ou arbitraire en invoquant la nécessité de se défaire d'un personnel inutile ou d'autres jugements éminemment personnalisés sur qui doit rester.

À cette relation à visage de Janus, le sociologue Pierre Bourdieu a donné le nom de « distinction », les masses se trouvant mises hors de combat ou pénalisées *tacitement*, tandis que les institutions éducatives, professionnelles et culturelles confèrent un statut d'élite *explicitement*[5]. Pour Bourdieu, le véritable objet de la distinction est de créer une masse dans l'ombre, en braquant un projecteur sur l'élite. Mon idée est que ledit projecteur sème la confusion sur la scène. Tel est l'aspect subtil de la quête du talent méritocratique : l'illumination et la définition du talent lui-même.

Pour ce qui est du métier, nous sommes à même de juger de l'excellence du travail de quelqu'un en examinant les résultats

5. Pierre BOURDIEU, *La Distinction. Critique sociale du jugement*, Paris, Éditions de Minuit, 1979.

concrets de ses peines. Pour les travailleurs déplacés ou évincés, ces résultats rendent au moins lisibles les raisons de leur mise à l'écart; la qualité des logiciels indiens et des produits manufacturés chinois est un fait tangible. Il pourrait sembler que l'appareil méritocratique du test et de l'évaluation « sur le tas » est tout aussi solide. Les mesures, après tout, sont normalisées, des numéros remplaçant souvent les noms en gage d'objectivité. En réalité, cependant, la machine bureaucratique donne la chasse à quelque chose de tout à fait intangible; on peut quantifier quels genres de travail paraissent autonomes, par exemple, mais pas ce qu'est spécifiquement un acte autonome. Le métier requiert de maîtriser et de posséder un domaine particulier du savoir; cette nouvelle version du talent n'est pas spécifique à un contenu ni déterminée par un contenu. Les firmes de l'arête tranchante et les organisations flexibles ont besoin de gens qui puissent apprendre de nouvelles techniques plutôt que de s'accrocher à d'anciennes compétences. L'organisation dynamique insiste sur la capacité de traiter et d'interpréter des corps changeants d'information et de pratique.

Dans le système méritocratique, existe donc un centre doux d'évaluation du talent; ce centre tendre concerne le talent conçu sous une forme particulière, comme potentiel. En termes de travail, le « potentiel » humain de quelqu'un réside dans sa capacité de passer d'un problème à l'autre, d'un sujet à un autre. La capacité de circuler ainsi fait penser au travail des consultants, au sens large.

Potentiel

Le mot *potentiel* est un drapeau rouge pour quiconque a eu le malheur d'être en contact avec la clique psychologique connue sous le nom de « mouvement du potentiel humain ». Bien qu'il ne s'agisse que trop souvent d'une version du *busi-*

ness des efforts et du progrès personnel, exhortant ses adeptes à découvrir leur vrai moi intérieur caché, l'étude du potentiel humain était à l'origine quelque chose de très sérieux. Dans les écrits d'Abraham Maslow, par exemple, le développement humain était considéré comme une longue négociation entre les capacités génétiques d'un individu et son expérience dans la société ; au lieu des idées de Freud sur les instincts et les pulsions, Maslow recherchait une compréhension plus plastique de la forme du moi au fil du temps[6]. Sa conviction touchant le développement continu se retrouve aujourd'hui dans les écrits d'Amartya Sen et de Martha Nussbaum sur les capacités humaines[7]. Comme Maslow, le généticien Richard Lewontin conçoit la biologie comme un immense répertoire de capacités humaines diversement utilisées, ou non, au fil d'une vie au gré des circonstances[8].

La quête des aptitudes potentielles peut entrer dans ce projet. Du fait des préjugés de race, de classe et de sexe, la société peut fort bien ne pas exploiter les talents de tous ses membres : elle devrait consentir cet effort. C'est une thèse qui va plus loin que de servir les besoins d'une espèce particulière d'institution : le régime flexible. Elle assimile plutôt la découverte d'un potentiel à la justice.

Aux États-Unis, c'est cette thèse méritocratique qui se trouve derrière la mise en place d'une certaine forme de test, les SAT ou tests d'aptitudes scolaires. Suivant un cliché qui a cours sur l'enseignement américain, les écoles du pays insistent peu sur la connaissance d'un domaine en particulier, mais beaucoup sur le fait de savoir comment savoir. Or le SAT a

6. Abraham MASLOW, *Motivation and Personality*, New York, Harper and Row, 1987.

7. Martha NUSSBAUM et Amartya SEN, *The Quality of Life*, Oxford, Oxford University Press, 1993.

8. Richard LEWONTIN, *The Genetic Basis of Evolutionary Change*, New York, Columbia University Press, 1973.

été mis en place, au départ, non pas pour éviscérer le savoir, mais pour parachever le projet des « carrières ouvertes au talent ». Au lendemain de la Seconde Guerre mondiale, les testeurs essayaient d'imaginer comment découvrir le potentiel d'apprentissage chez des jeunes gens de milieux culturellement déshérités. La cible des testeurs était étroite : recruter une nouvelle élite de talents bruts pour des universités comme Harvard[9]. Le SAT se nourrissait d'un vieil idéal américain, la croyance de Thomas Jefferson en une « aristocratie naturelle », et pour Jefferson, assurément, la quête du talent n'avait rien d'un Janus à deux visages : dans son idée, une aristocratie naturelle trouverait sans mal sa place dans les pratiques de la démocratie[10]. Les tests SAT proprement dits commencèrent à transformer ce vieil idéal en encadrant la capacité de manière inédite.

En comparant le SAT aux tests pratiqués à l'école militaire de Saint-Cyr au milieu du XVIIIe siècle, on comprend la nouveauté. Par exemple, Saint-Cyr demandait à l'élève d'accomplir un calcul avec une équation du second degré puis l'invitait à expliquer, verbalement, ce qui entrait dans le processus du calcul. Dans les sections sur la « patrie », Saint-Cyr demandait des définitions de la loyauté, du courage et du sacrifice. Les testeurs notaient ensuite la réponse en se fondant sur ce critère : l'élève avait-il donné ou non la bonne réponse ? Autrement dit, ces tests portaient sur ce qu'on appellerait les résultats : pour les équations au second degré, il fallait préalablement maîtriser la traduction des chiffres en mots (essayez) ; pour « patrie », il fallait une imprégnation culturelle suffisante pour savoir ce qui passerait pour vrai dans l'esprit des examinateurs. Ces tests réservaient peu de surprises, les élèves étant

9. Nicholas LEMANN, *The Big Test : The Secret History of the American Meritocracy*, New York, Farrar, Strauss and Giroux, 1999.

10. Thomas Jefferson à John Adams, in Lester CAPPON (éd.), *The Adams-Jefferson Letters*, Chapell Hill, University of North California Press, 1988.

informés longtemps avant des connaissances exactes qu'ils devraient produire.

Le SAT supposait un sujet plus innocent. Il était possible d'isoler l'aptitude de la réalisation en soumettant au sujet un problème à résoudre, le test essayant de minimiser l'entraînement mathématique préalable : le processus du raisonnement mathématique devait être examiné au microscope. Dans le domaine verbal, les tests sondent de nouveau le processus de pensée en mots plutôt que le fait de penser juste. Le monde mental est ici opératoire, et le processus dissocié du contenu.

On peut se faire une idée de la façon dont tout cela marche dans un manuel de préparation au SAT traitant de la partie apparemment la plus objective du test : le sens des mots. Voici deux définitions données du mot *incisif* :

> À la suite de l'analyse *incisive* de Huntley, les courtiers galvanisés ont aussitôt vendu frénétiquement sur le marché des obligations.

> La couverture *incisive* des affaires de l'Hôtel de Ville a fait de Cheryl une formidable candidate pour le prix Pulitzer[11].

Ce qu'est un courtier ou un prix Pulitzer relève ici d'un contexte culturel dénué d'intérêt. Mais les définitions données par deux font une devinette. La première demande à l'adolescent de supposer que les courtiers sont des gens qui agissent sur la base de renseignements incisifs, la seconde que les renseignements incisifs valent des récompenses officielles. Les courtiers sont-ils donc pareils aux juges de prix littéraires ? Sinon, le propre d'une information incisive est qu'elle était jusque-là inconnue, auquel cas le synonyme d'*incisif* serait *révélé*, non pas *pointu*, comme le recommandent les auteurs.

---

11. Murray BRUMBERG et Julius LIEBB, *Hot Words for the SAT*, New York, Barron's Press, 1989, p. 75.

En pratique, la seule façon de traiter les ambiguïtés est de ne pas s'y attarder outre mesure. La réponse correcte, objective, se trouve sur la surface mentale de l'adolescent. En sondant le sens, en creusant, on risque de perdre du temps et de mal s'en tirer à l'examen. C'est ce à quoi on s'exposerait en traitant le test dans un esprit artisanal. L'examen est *soft*, « doux », en ce sens qu'en son fond cette pensée purement opératoire requiert d'être mentalement superficiel.

Or, les examens de ce genre sont censés tester les capacités *innées*. La brillante jeune fille perdue dans un ghetto de Chicago est censée être armée pour répondre ; dans la salle de test, sa capacité intérieure est censée se révéler, en se libérant des chaînes de circonstance. L'idée de capacité innocente de l'expérience est cependant une fiction. Des psychologues comme Howard Gardner se sont en outre demandé pourquoi ces deux formes d'activités mentales – activité mathématique et verbale – seraient plus innées que la compréhension visuelle ou auditive : les architectes pensent en images, les musiciens en sons. Plus fuyante encore est l'intelligence émotionnelle – entendre l'intention sous les mots de l'autre, le tact, l'empathie –, capacité qui affecte profondément les résultats pratiques dans le monde. Par-dessus tout, pour comprendre ce que tous les mots signifient, nous, testeurs aussi bien que sujets, supposons qu'ils ont des référents.

Le but de ces objections n'est pas de nier que la capacité existe ou qu'il existe des différences entre les gens. Le fait est plutôt que, dans la quête d'une aristocratie naturelle qui serait à découvrir, la vie mentale des êtres humains a acquis une forme superficielle et rétrécie. La référence sociale, le raisonnement dicté par les sens et l'intelligence émotionnelle ont été exclus de cette quête, tout comme la croyance et la vérité. Par une ironie perverse, plus les testeurs modernes ont cherché à éliminer le travers culturel de leur travail, plus la capacité innée qu'ils testent est devenue mince.

On pourrait dire à leur défense – et les testeurs ne manquent pas de le faire – que les processus d'interprétation verbale et de raisonnement mathématique sont les compétences pratiques dont une brillante jeune femme du ghetto urbain a besoin pour faire son chemin dans le monde. Cette défense – et, en vérité, le mot *potentielle* – entretient une relation particulière avec les pratiques des institutions flexibles.

Ces institutions, on l'a vu, privilégient le genre de vie mentale propre aux consultants, qui se déplacent d'une scène à l'autre, d'un problème à l'autre et d'une équipe à l'autre. Les membres de l'équipe eux-mêmes doivent devenir experts en processus, puisque avec le temps ils vont devoir circuler dans l'organisation. Ce travail requiert un véritable talent. Il faut être capable de se projeter dans le futur en imaginant ce que l'on pourrait faire en brisant contexte et référence : dans le meilleur des cas, il s'agit d'un travail d'imagination. Au pire, cependant, cette recherche du talent coupe toute référence à l'expérience ainsi qu'aux chaînes de circonstances, évite les impressions des sens, dissocie l'analyse de la croyance, ignore la colle de l'attachement émotionnel, pénalise l'approfondissement : c'est cette façon de vivre dans le pur processus que le philosophe Zygmunt Bauman appelle la « modernité liquide[12] ». Telle est précisément la condition sociale du travail à l'arête tranchante.

Savoir et pouvoir

La formulation du potentiel nous ramène au lien entre le talent et le spectre de l'inutilité, une relation qui paraît différente une fois qu'on a décrit le genre de savoir qui est maintenant utile, particulièrement à l'arête tranchante de l'économie.

12. Zygmunt BAUMAN, *Liquid Modernity*, Cambridge, Polity Press, 2000.

Michel Foucault a été, à l'ère moderne, le grand analyste de la façon dont le savoir permet certaines formes de pouvoir. Il avait en vue le développement d'un savoir toujours plus élaboré et dense au service d'une surveillance toujours plus complète des individus et des groupes; par exemple, de son point de vue, l'essor de la psychiatrie était étroitement lié à l'essor des institutions carcérales[13]. Dans le schéma foucaldien, la connaissance superficielle n'est pas un outil de pouvoir; aussi ne décrit-il pas tout à fait la façon dont le potentiel est recherché et pratiqué dans la méritocratie moderne. En revanche, il a éclairé un aspect capital de cette méritocratie : elle prive de pouvoir la grande majorité de ceux qui tombent sous sa coupe.

Quand Michel Young a forgé le terme de *méritocratie*, c'était dans son esprit une manière de forcer le trait pour décrire une société dans laquelle un petit nombre de gens qualifiés peuvent contrôler toute une société. Michel Foucault a brossé un tableau plus détaillé de cette domination; l'élite se glisserait sous la peau des masses en leur faisant sentir qu'elles ne se comprennent pas elles-mêmes, qu'elles ne sont pas de bonnes interprètes de leur expérience de vie. Les tests de potentiel montrent précisément à quelle profondeur, sous la peau, un système de savoir peut s'insinuer. Les jugements de potentiel ont un caractère beaucoup plus personnel que les jugements portant sur les réalisations. Dans les réalisations se mêlent circonstances sociales et économiques, chance et hasard, en sus du moi. Le potentiel ne se focalise que sur le moi. Le constat « vous manquez de potentiel » est beaucoup plus accablant que « vous avez raté ». Il s'agit d'une proposition plus fondamentale sur qui vous êtes. Il fait passer beaucoup plus profondément le sentiment d'inutilité.

---

13. Cf., par exemple, Michel FOUCAULT, *Surveiller et punir*, Paris, Gallimard, 1975.

Précisément parce qu'un tel constat est accablant, les organisations vouées à une quête continuelle du talent interne ont tendance à éviter de le formuler de manière aussi abrupte. Les directeurs du personnel atténuent souvent le coup en évoquant les diverses capacités de tout être humain qui peuvent passer à travers les mailles du filet des examens, etc., etc. Plus finement, comme dans certaines sociétés financières de Londres, les jugements de potentiel ont tendance à être informels, les seniors se fiant à leur intuition du potentiel des juniors autant qu'aux résultats commerciaux objectifs ; les primes de fin d'année peuvent être octroyées de façons qui rappellent une pratique de la Rome antique : deviner l'avenir en lisant les entrailles d'animaux morts. Dans ces entreprises, le fait de rester sur la touche, de ne pas être récompensé, est une douleur plus cuisante que dans les banques d'affaires, où les primes ou les perspectives d'avenir sont simplement calculées à partir des résultats.

Les sans-talents deviennent invisibles, ils disparaissent purement et simplement de la scène dans les institutions qui jugent secrètement la capacité plutôt que les résultats. Là encore, les organisations reflètent ce que les gens ont pu vivre auparavant dans leur vie scolaire. Les jeunes jugés dénués de talent ne deviennent pas des individus à part, mais un corps collectif, une masse. La méritocratie, telle que l'entendait Young, est un système aussi bien qu'une idée, un système fondé sur l'indifférence institutionnelle dès lors qu'une personne est jugée[14]. Le problème est aggravé du fait que, comme Gardner l'a montré, l'usage, dans la recherche de talent, n'est pas de ratisser large, à l'image des capacités variées que peuvent posséder les divers individus ; la quête du potentiel demeure étroitement focalisée.

Pour ce qui est du processus, l'école et le travail diffèrent sur un point crucial. Bien qu'en principe l'étudiant ne puisse rien

14. Michael YOUNG, *The Rise of the Meritocracy*, New Brunswick, Transaction Publishers, 1993.

faire concernant sa capacité innée, il est de fait possible, avec un tutorat suffisant, d'élever sensiblement ses notes quand on repasse les tests. Dans le monde du travail, au contraire, on a rarement une seconde chance. Dans les organisations flexibles, les états de service de l'employé sont le seul bien tangible de l'entreprise. En étudiant une série de ces dossiers, j'ai été frappé de constater combien le directeur du personnel avait peu révisé les dossiers individuels au fil du temps ; les premiers jugements fixent la norme tandis que les entrées suivantes s'assurent de l'uniformité ; la traduction des états de services sous une forme numérique utilisable par les dirigeants ne fait que rendre plus rigide le contenu des documents.

De nombreux travailleurs laissés sur la touche ou entravés dans leur travail sont convaincus d'avoir été mal jugés, illustrant une autre dimension du pouvoir de jugement qui ne cadre pas avec le schéma foucaldien. Ceux qui sont écartés sont souvent de bons interprètes de leur expérience : ils n'ont pas été bien jugés sur la base de leurs résultats. Le sentiment d'être injustement jugé vient de la façon dont les entreprises elles-mêmes sont dirigées. Pour en comprendre les raisons, il est bon de rappeler quelques-uns des traits idéalisés du travailleur dans l'institution de l'arête tranchante.

Une organisation dont le contenu change constamment requiert une capacité mobile de résoudre les problèmes ; s'impliquer profondément dans un problème quelconque serait dysfonctionnel puisque les projets s'arrêtent aussi brusquement qu'ils commencent. L'analyseur de problème qui peut continuer son chemin, dont le produit est le possible, paraît mieux accordé aux instabilités qui régissent le marché mondial. Le talent social que nécessite une organisation flexible est la capacité de bien travailler avec d'autres dans des équipes éphémères, et avec d'autres que vous n'avez pas le temps de bien connaître. Chaque fois que l'équipe est dissoute et que vous entrez dans un nouveau groupe, le problème qu'il vous faut résoudre est d'être dans le coup aussi vite que possible avec ces nouveaux comparses. « Je peux travailler avec n'importe qui », est la formule sociale du potentiel. Peu importe qui est l'autre ; dans les entreprises à changement rapide, cela ne saurait avoir la moindre importance. La compétence réside dans la coopération, quelles que soient les circonstances.

Ces qualités du moi idéal sont une source d'angoisse parce qu'elles *démunissent* la masse des travailleurs. Sur le lieu de travail, on l'a vu, elles produisent des déficits sociaux en termes de loyauté et de confiance informelle, elles érodent la valeur de l'expérience accumulée. À quoi, il conviendrait maintenant d'ajouter l'évidement de la capacité.

Un aspect crucial du métier est d'apprendre à bien faire. C'est en tâtonnant qu'on s'améliore même dans des tâches apparemment routinières ; le travailleur doit être libre de faire des erreurs, puis de revoir inlassablement son travail. Les capacités innées d'une personne – autrement dit, son talent – ne se développent que par étapes, par à-coups : en musique, par exemple, même l'enfant prodige ne deviendra un artiste mûr qu'en se trompant parfois et en tirant les leçons de ses erreurs. Dans une institution à grande vitesse, cependant, l'apprentissage à forte intensité de temps devient difficile. Les pressions s'exerçant pour obtenir des résultats rapidement sont trop intenses. Il en va dans les tests éducatifs comme sur le lieu de travail : l'angoisse du temps pousse les gens à effleurer plutôt qu'à s'attarder. Cet évidement de la capacité aggrave la tendance des organisations à dénigrer les réalisations passées en se tournant vers l'avenir.

Quand des gens m'ont confié qu'ils n'étaient pas capables de montrer ce qu'ils savaient faire, j'ai eu le sentiment qu'ils voulaient simplement parler de ce sentiment d'être empêchés de cultiver leurs talents. Quand j'ai interrogé du personnel de bureau dans une compagnie d'assurance maladie, par exemple, les employés se sont plaint que la pression du temps les acculait à un travail médiocre ; ceux qui travaillaient vite étaient récompensés d'une promotion, mais, à l'examen, les factures qu'ils traitaient se révélaient souvent approximatives. Dans les centres d'appel, la direction voit pareillement d'un mauvais œil les employés qui passent trop de temps au téléphone : ils sont trop sensibles, par exemple, aux consommateurs confus et incapables de s'exprimer clairement. Qui a passé du temps au guichet d'une compagnie de charters connaît le problème : l'impatience est institutionnalisée.

En principe, toute entreprise bien dirigée devrait souhaiter que ses employés tirent les leçons de leurs erreurs et admettre un certain degré d'apprentissage par tâtonnement. En pratique, tel n'est pas le cas de ces grandes entreprises. C'est bel et bien la taille de l'entreprise qui fait la plus grande différence à cet égard : dans les petites sociétés de service (moins de cent employés), l'attention à la clientèle est plus directement liée à la survie. Dans les grandes compagnies d'assurance maladie, en revanche, la superficialité s'est révélée fonctionnelle ; prendre trop de temps pour essayer d'arranger les choses ne produisait aucun bénéfice. Au sein des entreprises que mes collègues et moi avons étudiées, le résultat, peut-être invisible au consommateur frustré, était que bon nombre d'employés se sentaient eux aussi frustrés.

*

En somme, le spectre matériel de l'inutilité lève le rideau sur un drame culturel stressant. Comment devenir précieux et utile aux yeux des autres ? La façon classique de procéder est la manière artisanale et consiste à acquérir un talent, une compétence particulière. Dans la culture moderne, les titres du métier sont remis en cause par une autre formule de la valeur.

À l'origine, la méritocratie entendait donner une chance à des individus exceptionnellement doués : l'« aristocratie naturelle » de Jefferson. Décider que ces gens méritaient qu'on leur donne leur chance relevait d'un choix éthique ; que la société le leur assure, était une affaire de justice. Au début, cette quête montait une élite contre une autre, l'aristocratie naturelle contre l'hérédité des privilèges. Au fil du temps, la société a peaufiné sa technique de recherche du talent hors du commun. En prospectant le potentiel à exploiter plutôt que le bilan, la quête du talent est bien assortie aux conditions particulières des organisations flexibles. Celles-ci emploient les mêmes instruments à une fin plus large : éliminer aussi bien que promouvoir des individus. Les comparaisons désobligeantes entre individus deviennent profondément personnelles. Dans cette battue au talent, les sujets jugés dépourvus des ressources intérieures restent dans les limbes. On peut juger qu'ils ne sont plus ni utiles ni précieux, quoi qu'ils aient pu faire.

3.

Politique et consommation

La nouvelle économie serait-elle en passe d'accoucher d'une nouvelle politique ? Par le passé, l'inégalité fournissait l'énergie économique de la politique ; de nos jours, l'inégalité est reconfigurée en termes de richesse brute et d'expérience du travail.

Les grosses fortunes qui se forment au sommet de l'ordre social sont un fait bien connu ; plus lourde de conséquences est sans doute la division de classe entre ceux qui profitent de la nouvelle économie et ceux du milieu, qui n'en profitent pas : l'analyste du travail Robert Reich parle, par exemple, d'une société « à deux vitesses » dans laquelle l'« élite des compétences », les « maîtres de l'information » et les « analystes symboliques » se coupent d'une classe moyenne stagnante[1].

À la base, souligne Alain Touraine, une différence de classe apparaît entre les travailleurs – pour l'essentiel des travailleurs immigrés dans les secteurs informels ou « gris » de l'économie – qui se trouvent une place dans une économie fluide et fragmentaire, et les membres de la classe ouvrière traditionnelle, jadis protégés par des syndicats pyramidaux ou par le patronat, dont

1. Robert REICH, « The Revolt of the Anxious Class », discours prononcé au Democratic Leadership Council, 22 novembre 1994, p. 3.

la marge de manœuvre est moindre. Au milieu, les gens redoutent d'être évincés, écartés ou sous-utilisés. Le modèle institutionnel de l'avenir ne leur fournit pas de récit de vie au travail, ni la promesse d'une grande sécurité dans le domaine public. Dans la société de réseau, leurs réseaux informels sont minces.

Au temps du capitalisme social, les tensions du système économique ont produit du ressentiment. Le mot désigne tout un faisceau d'émotions, notamment la conviction que les gens ordinaires qui ont respecté les règles du jeu n'ont pas été traités équitablement. Le ressentiment est une émotion intensément sociale qui a tendance à s'écarter de ses origines économiques : elle nourrit la rancœur à l'égard des élites condescendantes, la colère envers les Juifs ou les autres ennemis de l'intérieur qui paraissent accaparer des positions sociales auxquelles ils n'ont pas droit. Par le passé, sous l'empire du ressentiment, la religion et le patriotisme sont devenus des armes de revanche. Cette émotion n'a pas disparu. Aux États-Unis, le ressentiment peut expliquer que bien des travailleurs, autrefois du centre-gauche, aient largement glissé à droite, traduisant leur stress matériel en symboles culturels.

S'il est bien réel, le ressentiment me paraît être une manière trop étroite de lier l'économie et la politique parce que l'insécurité matérielle ne fait pas que pousser à diaboliser les hérauts du changement déstabilisateur. L'économie est aussi un maître. Nous pourrions sonder plus profondément l'expérience quotidienne des gens en étudiant comment ils apprennent à consommer le nouveau – les nouveaux biens et services – avant de nous poser la question : les gens font-ils leur marché parmi les hommes politiques comme ils vont acheter leurs vêtements ? Peut-être faudrait-il considérer le citoyen non pas simplement comme un électeur en colère, mais comme un consommateur politique pressé d'acheter.

La question de la consommation nous entraîne au cœur de la nouvelle économie, et en particulier des pratiques de la société géante Wal-Mart. Ce distributeur mondial pratiquant le discount employait 1,4 million de salariés à travers le monde en 2004 ; avec 258 milliards de dollars de recettes, il représentait « 2 % du PIB américain et huit fois la taille de Microsoft[2] ». Cette nouvelle société a innové sur le plan de ses fournisseurs, faisant appel à une industrie chinoise en plein essor, et dans son utilisation des technologies avancées. Selon le McKinsey Institute, Wal-Mart est l'acmé même de l'entreprise de l'arête tranchante, avec sa productivité assise sur une « innovation managériale continue », laquelle a concentré le pouvoir au centre du géant, a laissé les syndicats démunis et a traité sa masse de salariés comme s'il s'agissait d'employés provisoires et temporaires[3].

Pour les consommateurs, l'attrait de ce mégalithe tient à ce qu'ils trouvent au même endroit tout ce qu'ils peuvent désirer acheter : vêtements, produits auto, alimentation, parfum, ordinateurs, etc. La centralisation du commandement paraît se refléter dans la position du consommateur qui déambule dans les allées de Wal-Mart, tous les articles étant disponibles instantanément – les habits se trouvant à quelques pas seulement des ordinateurs. Bien que ses employés, si j'en crois mon expérience, soient pour la plupart serviables, le vendeur, en tant que représentant d'une classe, a été évacué chez Wal-Mart du processus de consommation : il n'y a pas ici de médiation ni de persuasion sur le mode du face-à-face. En cela, la société ressemble aux autres bureaucraties de l'arête tranchante qui ont écrémé leurs couches de personnel intermédiaires, interprétatives. La décision relative au produit discount à acheter dépend de l'image et du marketing en général.

2. Simon HEAD, « Inside the Leviathan », *New York Review of Books*, 16 décembre 2004, p. 80.

3. Cf. McKinsey Global Institute, « US Productivity Grown, 1995-2000 », Section VI, « Retail Trade », en ligne sur www.mckinsey.com/knowledge/mgi/productivity.

Si absurde que cela puisse paraître, nous pourrions préciser ainsi la question sur l'économie et la politique : les gens font-ils leur marché parmi les politiciens comme ils font leurs courses chez Wal-Mart ? Pour dire les choses autrement, l'emprise centralisée des organisations politiques s'est-elle accrue aux dépens de la politique des partis, locale et médiatrice ? Le marchandisage des dirigeants politiques a-t-il fini par ressembler à celui de la vente de savonnettes, avec des marques aussitôt reconnaissables que le consommateur politique choisirait sur les rayonnages ?

Si la réponse à toutes les questions qui précèdent est oui, le cœur de la politique devient le marketing, ce qui paraît mauvais pour la vie politique. L'idée même de démocratie requiert la médiation et la discussion en face-à-face ; elle requiert la délibération plutôt que le packaging. Suivant cet axe de pensée, on observerait avec consternation que tous les artifices séducteurs de la publicité sont désormais utilisés pour vendre les personnalités et les idées des politiciens ; plus subtilement, de même que la publicité rend rarement les choses difficiles à la clientèle, le politicien fait tout pour être d'achat facile.

C'est cette réponse évidente que j'entends contester. Non qu'elle soit fausse, mais le fait est que la nouvelle économie rend le marketing et la politique plus compliqués. Wal-Mart a certainement opprimé ses employés, mais ce groupe répond à un véritable besoin de la clientèle[4]. Il faudrait être snob pour regarder de haut les produits bon marché ; devrions-nous regarder de haut la politique « bon marché » ? La version politique du mégastore pourrait réprimer la démocratie locale mais permettre, comme le fait la publicité, la fantaisie individuelle ; éroder le contenu et la substance de la politique, mais stimuler l'imagination pour le changement.

---

4. Cf. Liza FEATHERSOME, *Selling Women Short*, New York, Basic Books, 2004.

Le politiquement droit n'y verra que frivolité intellectuelle. Les avatars du nouveau capitalisme ont cependant plaidé avec force que les nouvelles structures mobilisent l'imagination du changement. Il nous faut au moins garder l'esprit ouvert aux façons dont les hommes politiques sont aujourd'hui vendus, et aux institutions qui les vendent, même si cet effort pour garder l'esprit ouvert en la matière, il me faut l'admettre, m'est personnellement difficile, puisque la disparition de la politique locale, médiatrice, me paraît être une blessure fatale. Si l'économie continue de se diriger vers le modèle de l'arête tranchante, cependant, et que les idéaux politiques demeurent empreints de nostalgie, l'idéal n'est plus qu'un regret impuissant.

La passion dévorante

Les anciens Athéniens distinguaient le lieu où ils faisaient de la politique, la Pnyx, de l'espace économique central de la cité, l'Agora. La séparation incarne une proposition classique de la pensée sociale, à savoir que l'activité économique énerve la capacité politique du peuple. La logique est simple : il semblait à Platon que l'économie se nourrit du besoin et de la cupidité, tandis que la politique devrait s'occuper de justice et de droit. Plus près des temps modernes, la séparation de l'économie et de la politique a pris un tour différent. Albert Hirschman l'a bien montré dans *Les Passions et les intérêts* : aux XVIe et XVIIe siècles, le commerce semblait être une activité plus pacifique et modérée que la politique, dont les véritables passions tendaient à la violence[5].

5. Albert O. Hirschman, *The Passions and the Interests : Political Arguments for Capitalism Before Its Triumph*, Princeton, Princeton University Press, 1977 ; en français, *Les Passions et les intérêts. Justifications politiques du capitalisme avant son apogée*, trad. P. Andler, Paris, PUF, 1980.

L'idée que l'économie sape l'énergie nécessaire à la politique a resurgi à l'ère industrielle, dans certaines versions du marxisme. Désormais, affirmait-on, avec les privations physiques et la ruine de l'âme liées aux rigueurs du travail en usine, les ouvriers ne pensaient qu'à survivre. Il ne subsistait aucun espace mental pour imaginer une forme différente de vie collective. Une avant-garde révolutionnaire devrait se charger de penser pour eux. Autrement dit, l'imagination politique nécessite d'être protégée, jusqu'à un certain point, de l'expérience économique. De nos jours, cette proposition négative, classique, a pris un autre tour, qui concerne davantage la vie quotidienne que la théorie en raison de l'importance même de la consommation.

Dans l'usage poétique, une passion dévorante peut connoter une passion qui se consume du fait de sa propre intensité ; sous une forme moins flamboyante, en utilisant les choses nous les épuisons. Nous avons un désir ardent de tel ou tel vêtement ; quelques jours plus tard, nous l'achetons et nous le portons, mais il nous excite moins. Ici, l'imagination est la plus forte dans l'anticipation, puis ne cesse de faiblir avec l'usage. L'économie actuelle renforce ce genre de passion dévorante, tant dans les centres commerciaux qu'en politique.

Honoré de Balzac a été le grand artiste des passions dévorantes au XIXe siècle. Ses personnages, qui désirent si ardemment ce qu'ils n'ont pas, perdent leur flamme une fois qu'ils possèdent l'objet de leur convoitise. Ces personnages sont des précurseurs de la fameuse loi érotique de Proust, suivant laquelle plus quelqu'un est inaccessible, plus nous le désirons. Dans *Le Père Goriot,* Balzac imagine que cette psychologie incarne une transition sociale, le passage des paysans d'autrefois accrochés à tout ce qu'ils ont accumulé à des personnages plus cosmopolites vivant de désirs matériels qui meurent quand ils sont assouvis. Le sociologue pourrait expliquer ce glissement social par un changement d'institutions, par la moindre importance des terres et des maisons héritées comme base de la richesse ou le gonflement des revenus salariés disponibles susceptibles d'être dépensés plus librement et régulièrement, ou encore la corne d'abondance des nouvelles choses à acheter que la production mécanique a rendue possible.

Dans la passion dévorante, surabondance et gaspillage vont de pair. Si nous pouvions jeter un coup d'œil furtif sur la garde-robe d'un employé de bureau parisien de l'Ancien Régime, par exemple, nous ne trouverions que quelques robes de femme, peut-être deux costumes d'homme et des chaussures transmises au fil des générations – le tout fait main. Dans la cuisine, nous ne trouverions qu'un seul service de table, quelques récipients, des cuillers et des louches – encore une fois, tous faits main. Du temps de Balzac, la production mécanique a tout à la fois réduit les coûts et accru le volume de ces articles ordinaires. C'est seulement au milieu du XIXe siècle qu'il devint possible à une famille aux moyens modestes d'envisager de se débarrasser des souliers usés plutôt que de les faire réparer, ou de posséder un assortiment de vêtements adaptés aux saisons. La production mécanique explique cette observation de Georg Lukacs suivant laquelle Balzac fut un prophète de l'expansion du désir par le capitalisme, mais la corne d'abondance en elle-même n'explique pas le flétrissement ultérieur du plaisir de posséder.

Au XXe siècle, ont été avancées deux explications de la passion dévorante, mais aucune n'est entièrement satisfaisante. La première était le « moteur de la mode » : autrement dit, la publicité et les médias ont appris à façonner les désirs de telle sorte que les gens ne se satisfassent plus de ce qu'ils ont ; tel était le point de vue influent exposé au milieu du siècle par Vance Packard dans *La Persuasion clandestine*[6]. Le coupable est

6. Vance PACKARD, *The Hidden Persuaders*, New York, D. McKay, 1957 ; en français, *La Persuasion clandestine*, trad. H. Claireau, Paris, Calmann-Lévy, 1984 (nouvelle éd. augmentée).

ici le marketing. L'autre explication était l'« obsolescence programmée » : les objets étaient fabriqués pour ne pas durer, afin que le public achète de nouvelles choses. Cette dernière explication se fondait sur certains faits caractéristiques des industries américaines de l'automobile et de l'habillement : voitures mal soudées, vêtements mal cousus, qui devenaient de la camelote au bout de deux ou trois ans[7]. Le coupable est ici la production.

Si les deux points de vue ont leur mérite, tous deux supposent que le consommateur joue un rôle passif : qu'il est le jouet de la pub ou un prisonnier de la camelote. Les changements du travail et la quête du talent montrent cependant comment les individus peuvent se trouver activement impliqués dans la passion dévorante.

Le changement affectant les bureaucraties du travail, examinés dans le chapitre premier, ont montré la fragilité de l'emprise d'un individu sur une place dans une institution de l'arête tranchante. Le travail n'est pas un bien, pas plus que son contenu n'est fixe : il devient plutôt une position dans un réseau qui ne cesse de changer. Le nœud de réseau – pour reprendre cette expression curieusement dénuée de contenu qui a cours dans le jargon du management – diffère d'un bureau au sens de Max Weber. Les gens peuvent intriguer assidûment pour se placer avantageusement dans une société, mais pas pour posséder une place comme une fin en soi. Ainsi que le premier chapitre a essayé de le montrer, cette expérience va bien au-delà de l'ambition, qui laisse perpétuellement insatisfait de ce qu'on a. Les identités au travail s'usent et s'épuisent quand les institutions elles-mêmes sont continuellement réinventées. Pareillement, la restructuration des entreprises a souvent le caractère d'une passion dévorante, avant tout dans la quête de futures « synergies » en cas de fusion d'entreprises. Sitôt que le mariage

7. Vance PACKARD, *The Waste-Makers*, New York, D. McKay, 1960.

est consacré et le personnel amputé, la recherche de la synergie faiblit. Tel a été le cas, par exemple, dans la fusion de Time Warner et d'AOL, à la fin des années 1990, où le désir s'est flétri sitôt qu'il est devenu possible de le réaliser.

Le cadre moderne donne au talent une forme qui est proche de la passion dévorante. Au chapitre 2, nous avons vu comment les talents fixes sont rapidement remis en cause dans les secteurs avancés de la technologie, de la médecine et de la finance. La valeur accordée au métier, au fait de faire une chose pour elle-même, trouve de moins en moins bien sa place dans les institutions dominées par le processus et le réseau. L'organisation flexible récompense plutôt les compétences humaines portables, au fait d'être capable de travailler sur plusieurs problèmes avec une équipe changeante, en dissociant l'action du contexte. La recherche du talent, en particulier, se focalise sur les gens possédant un talent pour résoudre les problèmes indépendamment du contexte, un talent qui se garde de devenir trop replié sur lui-même. Le potentiel privilégie la perspective de faire ce qu'on a encore à faire. La réalisation et la maîtrise sont dévorantes, les contextes et les contenus s'usent quand on s'en sert.

La consommation de biens joue un rôle clé en venant compléter et légitimer ces expériences. Quand les gens vont acheter des choses, il semble *désirable* de commercialiser la passion dévorante. Ce marketing se fait de deux manières : l'une directe, l'autre subtile. La première passe par le marquage, tandis que la seconde consiste à investir les choses à acheter de puissance et de potentiel.

Marquage et puissance

Dans une étude du désir chez le consommateur, Sharon Zukin a formulé ainsi le dilemme pratique du shopping : « Le consommateur manque de la connaissance de la production que possédaient les générations antérieures. » Plus précisément, « dans les années 1960, les Américains ne savaient plus traire une vache, faire un petit pain en forme de couronne, ou construire une voiture avec une caisse à savon ou un carton d'emballage[8] ». Pour Zukin, cela veut dire qu'une personne essayant d'acheter intelligemment a besoin d'une nouvelle intelligence des choses matérielles : « Au lieu de la connaissance de la production [...], la connaissance du métier », par quoi Zukin entend une « appréciation sensorielle des qualités d'un produit, une modeste compréhension des différentes techniques de production et l'imagination pour construire la *back story* d'un produit – c'est-à-dire un récit social de la tradition culturelle d'où vient le produit[9] ». En d'autres termes, le consommateur moderne a besoin de penser comme un artisan sans être capable de faire ce que fait un artisan.

Dans l'idéal, ce devrait être vrai. Et, en pratique, une vertu de Wal-Mart, notamment dans ses produits achetables sur place, réside dans le caractère utilitaire de ses magasins : ces rayonnages sans fin chargés d'articles dont le consommateur doit savoir quelque chose pour faire son choix. D'autres formes de commercialisation cherchent cependant à empêcher les consommateurs d'envisager comme un artisan l'utilité d'un produit. Le marquage cherche plutôt à faire paraître singulier un produit de base vendu partout dans le monde, à obscurcir l'homogénéité. Les moyens d'y parvenir sont plus compliqués que ne le suppose Packard avec son idée de « moteur de la mode ».

Aujourd'hui, l'industrie déploie à l'échelle mondiale la « fabrication de plates-formes » d'articles en tous genres, de l'automobile aux ordinateurs et aux vêtements. La plate-forme est un objet de base dans lequel on introduit des changements

8. Sharon ZUKIN, *Point of Purchase*, Londres, Routledge, 2004, p. 185.
9. *Ibid.*

mineurs et superficiels afin de transformer un produit en une marque particulière. Le processus de production n'est plus tout à fait le processus industriel bien connu de la production en masse. Les techniques modernes peuvent aisément transformer la forme et la taille des flacons et des boîtes ; le contenu peut aussi être redécoré plus rapidement dans la production électronique que sur les chaînes de montage à l'ancienne, où les outils n'étaient adaptés qu'à une seule fin.

Les industriels désignent du nom de placage les changements apportés sur la plate-forme moderne. L'image est juste. Pour vendre un objet foncièrement standardisé, le vendeur doit amplifier sa valeur de différences mineures rapidement et aisément mises en œuvre, en sorte que la surface prime. La marque doit compter davantage que l'objet lui-même pour le consommateur.

L'industrie automobile en est un bon exemple. Des géants comme Volkswagen et Ford produisent diverses versions d'une automobile mondiale – une plate-forme de base formée du châssis, du moteur et de certaines parties de carrosserie – puis ils y plaquent des différences superficielles. Souvent, dans ce type de production, le travail d'assemblage sommaire sur la plate-forme se fera dans les pays à bas salaires du monde en voie de développement, tandis que le placage se fera dans des usines de finition plus proches des marchés locaux. Les ordinateurs voient le jour de la même façon : les puces, les plaquettes de circuits et les faces produites sur une plate-forme commune loin du marché deviennent une marque aux abords, temporels et spatiaux, des marchés.

Tout le problème du fabricant de plate-forme est de rendre la différenciation profitable. Les chimpanzés et les êtres humains partagent environ 96 % de leur ADN génétique. La société Volkswagen doit convaincre les consommateurs que les différences entre une modeste Skoda et une Audi haut de gamme – qui partagent près de 90 % de leur ADN industriel

– justifient de vendre le modèle haut de gamme près de deux fois plus cher que le modèle bas de gamme. Comment gonfler une différence de contenu de 10 % en une différence de prix de 100 %? Le problème peut être également transposé en termes de services : la vitesse d'un avion pourrait être considérée comme son service plate-forme. Un vol transatlantique en classe affaires coûte en moyenne quatre à cinq fois plus cher qu'un ticket en classe économique, mais l'homme d'affaires est loin d'obtenir quatre à cinq fois plus de place ou de services – et la vitesse demeure la même dans toutes les cabines. Encore une fois, ni les Skoda ni les Audi n'ont tendance à s'user rapidement; leurs plates-formes sont d'excellente qualité. Cette admirable réalité industrielle crée une menace économique. Si la société privilégiait les vertus de l'utilité et de la possession, elle vendrait moins de voitures et les acheteurs-artisans au sens de Zukin seraient plus portés sur les Skoda.

Il devient capital de monter la différence en épingle pour produire des profits. S'il est possible d'amplifier les différences d'une certaine manière, le spectateur connaîtra la passion du consommateur.

Dans la publicité britannique, la Skoda est présentée comme un objet en soi; l'intérieur et l'extérieur sont clairement illustrés, souvent avec pléthore d'indications imprimées. La Audi haut de gamme, en revanche, a tendance à donner une vue depuis le siège du conducteur, regardant à l'extérieur. Les réclames comportent peu de texte, et la vue change d'une publicité à l'autre, suivant que le modèle haut de gamme est un coupé décapotable ou une berline tout aussi pratique en plein Sahara qu'au centre commercial. La différence visuelle cherche à détruire toute association, dans l'esprit de l'acheteur, entre Skoda et Audi.

En réduisant l'attention à ce qu'est l'objet, l'industriel espère vendre ses associations; en modifiant constamment la vue depuis l'intérieur, l'industriel espère valoriser l'« expérience de conduite », un processus constamment renouvelé, paraissant offrir, suivant les marques et les modèles, une vue différente depuis la glace du véhicule. En termes fonctionnels, bien entendu, c'est comme si l'on disait que le passager qui voyage en classe affaires traverse l'Atlantique plus vite que les gens assis à l'arrière de l'appareil. Le défi de tout marquage est de créer des variations de ce thème illusoire en décontextualisant.

Le placage a changé les modalités de l'obsolescence programmée telle qu'on l'entendait voici un demi-siècle. Quand W. Edwards Deming a formulé ses idées relatives au management de la « qualité totale », il s'est trouvé en présence d'une réalité productive dans laquelle les consommateurs acceptaient les produits défaillants comme normaux, un peu comme de nos jours les consommateurs jugent normale la piètre qualité initiale d'un nouveau logiciel. Les industriels japonais de l'automobile et de l'électronique qui ont répondu aux idées de Deming ont cherché à créer des produits qui ne soient pas délibérément voués à l'obsolescence, de manière à créer une nouvelle niche de marché. Des entreprises comme Toyota et Sony y ont brillamment réussi. Leurs machines étaient *fit-for-purpose*, comme dit Deming, employant à dessein une expression qui a un double sens : la machine fait exactement ce qu'elle doit faire et elle le fait de manière robuste, comme un athlète. L'automation de la production et la surveillance électronique du produit ont depuis permis que la gestion de la qualité totale devienne la norme.

Le problème est bien entendu que, une fois atteinte cette norme élevée, la demande d'un produit diminue jusqu'à s'éteindre. Ce défi n'est aucunement nouveau. Quand Henry Ford déclarait, dans les années 1920, que le client pouvait avoir n'importe quel modèle de Ford T pourvu qu'elle fût noire, son fils Edsel Ford répliqua que les couleurs permettent d'engranger des profits. Ce qui a changé, désormais, c'est la participation du consommateur à l'amplification des différences.

Nous passons ici de ce que le marketing cherche aux raisons pour lesquelles le consommateur répond.

Ce dernier recherche la stimulation de la différence dans des produits toujours plus homogènes. Il ressemble à un touriste qui voyage d'une ville clone à l'autre, visitant les mêmes boutiques et achetant dans chacune les mêmes produits. Mais il a voyagé : pour le consommateur, la stimulation réside dans le fait même de circuler. Le sociologue Guy Debord pensait que c'est précisément ce qu'un consommateur fait *aux* objets : changer son désir devient, comme voyager, une sorte de spectacle ; peu importe que les choses que l'on achète demeurent les mêmes, tant qu'on se sent soi-même changer[10]. Le sociologue Erving Goffman, dans ses dernières études de la publicité, a exposé une vue flatteuse de l'implication du consommateur. Il a fait valoir que les formes les plus sophistiquées de publicité sont des « cadres à demi achevés » qui invitent le consommateur à participer en complétant l'image[11]. C'est ce que font les publicités ironiques ; par exemple, celles qui vendent une voiture en montrant le Sahara, mais pas de voiture. Le résultat est le même pour Debord et pour Goffman. Le consommateur est engagé par sa mobilité et son imagination : le mouvement et l'inachèvement stimulent également l'imagination ; la fixité et la solidité l'étouffent pareillement. Le consommateur prend part au marquage ; et, dans cet acte, c'est le placage plutôt que la plate-forme qui compte.

Mon âme étant plutôt portée sur la Skoda, j'ai eu du mal à prendre ces idées au sérieux jusqu'au jour où j'ai pris part à une série de conférences de produit sur la vodka dans une agence de publicité de New York. Le problème de fond, avec la vodka,

10. Guy DEBORD, *La Société du spectacle*, Paris, Gallimard, 1992 ; rééd., coll. Folio, 1996.

11. Erving GOFFMAN, *Gender Advertisement*, New York, Harper and Row, 1976 ; en français, *L'Arrangement des sexes*, trad. H. Maury, Paris, La Dispute, 2002.

c'est qu'elle n'a pas de goût et pratiquement pas d'odeur. Des semaines durant, j'ai vu l'« équipe des créatifs » de l'agence se creuser les méninges pour trouver comment vendre une nouvelle marque de cet alcool anonyme. Ils finirent par trouver une solution : des images sexy de tailles dénudées, d'hommes ou de femmes, associées au nom du produit, sans que soit nulle part indiqué ce qu'était le produit en question. Le consommateur était censé faire tout le travail par association. Tout le génie de la campagne, à l'évidence, est que les images de tailles dénudées changeaient d'un mois à l'autre, créant ainsi des « effets associatifs composés », ainsi qu'on me l'expliqua. (Je pourrais préciser que, dans l'équipe des créatifs, peu consommaient des alcools forts.)

Bien que la publicité qui convie à une participation par l'imagination ne soit guère l'apanage des temps modernes, elle a de nos jours un poids spécifique. Par exemple, la formule de Marx, « tout ce qui était solide, bien établi, se volatilise », est équilibrée, dans les pages introductives du *Capital*, par une analyse très différente du fétichisme de la marchandise. Pour Marx, les objets de ce monde investis magiquement de significations humaines séjournaient dans une sorte de musée personnel, où le consommateur ne cessait d'accroître sa collection ; il thésaurisait ses trésors, son but était l'accumulation. La dernière chose que souhaitait le consommateur était bien de renoncer aux fétiches dans lesquels il avait investi une telle part de lui-même. Or, dans la forme de consommation décrite par Debord et Goffman, l'abandon d'un objet n'est pas vécu comme une perte. L'abandon entre plutôt dans la quête de nouvelles stimulations – les objets étant particulièrement faciles à délaisser puisqu'ils sont fondamentalement standardisés.

Où l'on retrouve la passion dévorante. Doit-on ricaner de cette invitation à fantasmer ? Le tenant d'un utilitarisme strict ne manquerait pas de le faire, préférant vivre dans un monde fonctionnel de type Skoda. Le véritable artisan n'y verrait sans doute rien à redire, tant que les produits sont bons. Mais être libéré de la possessivité est aussi une forme de liberté. Pour aller de l'avant, ne vaudrait-il pas mieux que les citoyens votent pour ce qui pourrait être, pour une imagination partagée, plutôt que pour défendre leurs intérêts particuliers, pour protéger ce qu'ils possèdent déjà ?

*

Un second signe de passion dévorante réside dans la puissance. La puissance est une chose qui s'achète : je pense ici aux machines, plutôt qu'aux stimulateurs sexuels. Un lieu commun, dans l'industrie électronique, veut que les consommateurs ordinaires achètent un matériel dont ils n'utiliseront jamais toutes les capacités : des unités de disque dur qui peuvent stocker quatre cents livres, alors que la plupart stockeront au mieux quelques centaines de pages de lettres, ou des logiciels installés sur l'ordinateur mais qui ne seront jamais ouverts. Le comportement de ces quidams n'est pas sans évoquer celui des acheteurs de voitures de sport ultrarapides qui le plus souvent roulent pare-chocs contre pare-chocs dans les embouteillages ou celui des propriétaires de ces infâmes 4x 4 destinés à la navigation dans le désert mais le plus souvent employés pour déposer les enfants à l'école. Ce sont tous des consommateurs de puissance.

Depuis les origines des marchés des capitaux, les investisseurs ont été mus par une croyance irrationnelle au pouvoir des objets : ainsi, lors de la « tulipomanie » des investisseurs anglais, au XVIIe siècle, quand le commerce de ces bulbes prosaïques et inutiles promettait tant bien que mal d'enrichir les banquiers britanniques – précurseur de la bulle spéculative Internet des années 1990. L'attrait de cette forme de consommation réside dans le fait que le capital augmentera pour la simple raison que l'investisseur exploite des possibilités que d'autres n'ont pas prévues ou par l'effet pur et simple de la magie. Acheter une machine puissante présente une autre sorte d'attrait, incarné par un joli petit objet actuellement sur le marché.

C'est l'iPod capable de stocker et de jouer dix mille chansons de trois minutes. Mais comment faire son choix parmi les dix mille chansons ou trouver le temps de les télécharger ? Quels seront vos principes pour trier les cinq cents heures de musique dans la petite boîte blanche ? Comment se souvenir des dix mille chansons pour choisir laquelle on a envie d'écouter à un moment donné ? (Ce tour de force de mémoire impliquerait, dans la musique classique, de pouvoir connaître par cœur presque toutes les compositions de Jean-Sébastien Bach.)

Les savants de la Renaissance apprenaient à mémoriser une somme considérable de faits en s'imaginant dans un théâtre : ils regroupaient les faits en catégories représentées par un personnage sur scène comme Apollon, incarnant l'astronomie, et Neptune, incarnant la navigation ; le spectateur mental inventait ensuite une histoire tissée autour d'Apollon et de Neptune afin de corréler les divers faits contenus dans les deux domaines[12].

Ce genre de théâtre de la mémoire n'est pas intégré dans les procédures d'accès aléatoire d'un iPod. La notice qui accompagne l'iPod le reconnaît. La machine est « neutre au regard du contenu » ; la notice suggère de visiter les divers sites Internet avec des protocoles de chargement de matériaux, mais les visites ne révèlent qu'une neutralité supplémentaire. Un site, par exemple, offre trois mille vieux tubes, après quoi suit une liste alphabétique de chacun des trois mille titres. Mais là encore il est difficile d'entendre mentalement neuf mille minutes de musique dans sa tête. On ne s'étonnera pas que Michael Bull, auteur d'une étude sur l'usage fait du Walkman,

12. Frances YATES, *Theater of the World*, Chicago, Chicago University Press, 1969.

ancêtre rudimentaire de l'iPod, ait constaté que les auditeurs passaient leur temps à écouter les mêmes vingt ou trente chansons – soit la mémoire musicale active maximale que possèdent la plupart des gens[13].

Reste que le succès commercial phénoménal de l'i-Pod tient précisément au fait qu'il offre plus qu'une personne ne saurait jamais utiliser. L'attrait tient aussi en partie au lien entre la puissance matérielle et son propre potentiel. Le chercheur de talent, on l'a vu, s'intéresse moins à ce que vous savez déjà, et plus à ce que vous pourriez apprendre; le directeur du personnel s'intéresse moins à ce que vous faites déjà qu'à ce que vous pourriez devenir. Acheter un petit iPod promet pareillement d'étendre ses capacités; tous les appareils de ce genre jouent sur l'identification de l'acheteur avec la surcapacité des produits. L'appareil devient une sorte de prothèse médicale géante. Si l'iPod est puissant, mais que l'utilisateur ne sache en maîtriser la puissance, l'attrait en est d'autant plus fort. Comme le disait sans gêne aucune le vendeur qui m'a fourgué mon iPod, « il n'y a pas de limite ». J'ai acheté.

En termes abstraits : le désir est mobilisé quand la puissance est dissociée de la pratique. Plus simplement : on ne limite pas ce qu'on désire à ce qu'on peut faire. En un sens, le Wal-Mart incarne aussi ce divorce, avec l'immense rassemblement sous un seul toit de bien plus de choses qu'une personne pourrait acheter; la seule masse des objets stimule le désir. Il y a là un contraste entre le Wal-Mart et les premiers grands magasins apparus à Paris à la fin du XIXe siècle. Dans ces emporiums commerciaux, le marketing consistait à étaler un groupe d'articles dissemblables, un ou deux de chaque, dans un même cadre; par exemple, une casserole pouvait être posée sur un tapis persan, à côté d'un flacon de parfum précieux. Le but du

13. Michael BULL, *Sounding Out the City : Personal Stereos and the Management of Everyday Life*, Oxford, Berg, 2000.

marchandiseur était de stimuler l'acheteur en rendant l'ordinaire étrange tandis qu'au Wal-Mart la stimulation vient du seul nombre et de l'excédent d'objets.

*

En résumé, la passion dévorante prend deux formes : l'engagement actif dans l'imagination et l'excitation née de la puissance. Le consommateur qui entre dans le jeu d'imagination du marketing risque de perdre le sens des proportions, et de prendre le placage, plutôt que sa plate-forme, pour la valeur réelle de l'objet. La célébration de la puissance ne va donc pas sans risques, pour les entreprises aussi bien que pour les individus. Au temps des trusts et des monopoles américains, des magnats comme Carnegie et Rockefeller s'efforçaient de briser le dynamisme déréglé des marchés parce qu'ils voulaient des petits fournisseurs et des distributeurs soumis plutôt que des concurrents caressant le fantasme de devenir à leur tour des Rockefeller. L'intention de Bismarck était la même dans sa détermination à créer des bureaucraties solides : si les ouvriers et les soldats se croyaient riches de toutes sortes de possibilités inexploitées et indéfinies, ils risquaient de ne plus se montrer dociles. De nos jours, dans les organisations de l'arête tranchante, l'idéologie de la puissance peut suggérer à la direction des possibilités futures qui ne sont pas encore à la portée de l'institution. Dans la quête de cet objectif, la direction peut devenir plus centralisatrice et directive, les employés se retrouvant perdants ou, comme à la BBC, ne sachant plus trop comment s'y prendre pour survivre.

L'éthos de la puissance peut rendre les sociétés elles-mêmes vulnérables, par exemple lorsque des investisseurs voient en elles quelque possibilité indéfinissable de croissance. L'histoire des fusions et des acquisitions est jonchée d'entreprises telles que Sunbeam Corporation, qui produisait très bien des appareils ménagers prosaïques jusqu'au jour où un groupe de riches investisseurs se mit en tête de la restructurer pour en faire une entreprise plus importante; cette sirène mit la société à deux doigts du naufrage. L'entreprise peut donc se conduire comme un consommateur qui se soumet à sa passion dévorante, quitte à se délester de choses qui marchent bien.

Reste que les appareils que j'ai décrits – iPod, 4x 4, ordinateurs truffés d'une pléthore de logiciels – captivent l'imagination. Tout comme un mégastore tel que Wal-Mart. Le puritain se complaît dans la méfiance quand nous recherchons plutôt le plaisir. Les plaisirs que j'ai décrits sont des plaisirs que les consommateurs *trouvent* dans les objets, un plaisir imposé qu'un utilitariste ne manquerait pas de trouver suspect. Et l'idée qu'« il n'y a pas de limite » pourrait être défendue sur un terrain politique : les gens pourraient être libérés en rêvant de quelque chose qui sort des routines et des contraintes de la vie quotidienne. De la même manière, ils pourraient être libérés en ayant le sentiment d'avoir exploité et épuisé toutes ces façons parfaitement réalisables de s'en tirer. Les gens ne se libèrent-ils pas quand ils dépassent en esprit ce qu'ils savent et utilisent, ou ce dont ils ont besoin directement? La passion dévorante pourrait bien être un autre nom de la liberté.

Telle est du moins la proposition que j'entends maintenant explorer.

Le citoyen comme consommateur

J'ai commencé de réfléchir à ce lien, par des voies détournées, en visitant deux laboratoires de recherche de l'arête tranchante : Xerox Park, dans la Silicon Valley, et le Media Lab, au MIT. Tous deux reposent sur l'idée que l'utilité puritaine entrave l'esprit d'innovation, tous deux ont joué avec de vagues possibilités scientifiques plutôt que de s'en tenir à des modèles de recherche mécanistes, et tous deux ont obtenu par inadvertance, par un effet du hasard, des résultats pratiques terriblement puissants. Xerox Park est ainsi tombé sur les icônes qui ornent les écrans de nos ordinateurs, et le Media Lab sur une pléiade de logiciels. Je ne comprends guère leurs travaux scientifiques, mais les deux centres m'ont paru plus ou moins démocratiques.

Cette impression se trouve renforcée par une idée qu'Hannah Arendt avance dans ses écrits sur le processus démocratique[14]. Pour elle, la « tête d'œuf », le technocrate, est l'ennemi du citoyen. Dans un forum véritablement démocratique, chaque citoyen devrait avoir le droit de penser à voix haute et de débattre avec les autres, qu'il soit ou non un expert. Le critère de l'utilité et du caractère pratique ne devrait pas non plus prévaloir ; ce critère privilégie ce qui est de préférence à ce qui pourrait être. Arendt entend laisser libre cours à l'imagination politique, dans quelque chose qui ressemble à l'esprit expérimental de Media Lab.

Plus encore, Arendt a sa version propre de la passion dévorante : les citoyens font les lois, vivent en accord avec elles, puis donnent naissance à quelque chose de nouveau, alors même que l'ancienne loi pourrait se révéler mécaniquement viable. Sa pensée est ici très précise : elle s'en prend à l'insistance du juriste sur le précédent, conteste le poids suffocant du droit jurisprudentiel, souscrit à une vision particulière du *common law* qui donne plus de place à l'innovation. La dramatisation du potentiel apparaît dans les derniers écrits d'Arendt sur la volonté collective ; comme Arthur Schopenhauer, elle en vint à croire que la force de la volonté puise à des sources qui sont au-

14. Sur l'Agora comme modèle de la démocratie moderne, cf. Hannah ARENDT, *The Human Condition*, Chicago, University of Chicago Press, 1998, *passim* ; en français, *Condition de l'homme moderne*, trad. G. Fradier, préface de Paul Ricœur, Paris, Calmann-Lévy, 1961 ; rééd. Presses Pocket, 1983.

delà des représentations et des transcriptions des choses dans la vie quotidienne[15].

Ces vues nous ramènent à l'idéal démocratique de Jefferson, dans lequel les citoyens se rebellent, une génération sur deux contre le poids étouffant du passé, et annoncent des visions comme celles du philosophe social Ulrich Beck, pour qui les habitants de la « société du risque » sont prêts à prendre des risques sans savoir ce qui en résultera[16].

En pratique, bien entendu, un homme politique qui prend des libertés avec les faits tangibles peut être simplement un opportuniste. Mais la réalité politique laisse souvent le cynique à la traîne. Tel fut le cas pour le mouvement des droits civils des noirs en Amérique, galvanisé à un moment crucial des protestations par le discours de Martin Luther King, « I Have a Dream », prononcé au faîte de la quête de justice. Tourné en dérision par les réalistes dans la presse et au gouvernement, il poussa à l'action une masse d'auditeurs. Le langage qu'il employa déployait la rhétorique du potentiel personnel et de l'abandon du passé, des pratiques routinières de la ségrégation raciale. King était l'arendtien parfait. Pour lui, la quête de la justice était plus qu'un ensemble de positions politiques ; il fallait une nouvelle page.

On pourrait s'attendre à ce qu'une culture comme la nôtre, avec si peu de regret possessif, si habituée au changement, renforce la perspective progressiste. Dans ce scénario idéal, la durée de possession s'abrègerait, comme dans le processus du travail. Le public politique s'étendrait jusqu'à prendre des dimensions planétaires, comme dans le processus des investissements. Il y a effectivement eu, au cours de la décennie passée,

---

15. Hannah ARENDT, *Willing*, New York, Harcourt Brace Jovanovitch, 1978 ; en français, *La Vie de l'esprit*, II, *Le Vouloir*, trad. L. Lotringer, Paris, PUF, 1983.

16. Ulrich BECK, *Risk Society*, Londres, Sage Publication, 1992 ; en français, *La Société du risque*, trad. L. Bernardi, Paris, Aubier, 2001.

des moments où, interviewant certains patrons d'entreprises de l'arête tranchante, j'ai été presque convaincu que les nouvelles conditions économiques pouvaient produire une politique progressiste. Ce sont de jeunes chefs d'entreprise qui ont fait fortune dans la technologie et qui réinvestissent aujourd'hui leur argent dans la société civile, en particulier dans le domaine de l'environnement et du recyclage professionnel. Ils sont convaincus que le nouvel idéal du moi dans les affaires est un modèle pour le citoyen investi de pouvoir, ce qui n'était pas le cas du citoyen imaginé dans le capitalisme social : loin d'être docile, il prend des initiatives.

J'en suis cependant arrivé à la conclusion que leur rêve est mal fondé. Afin d'expliquer pourquoi les nouvelles institutions ne produiront pas de politique progressiste, j'entends me focaliser sur un aspect commun à la consommation et à la politique : le théâtre.

Le champ de la consommation est théâtral parce que le vendeur, comme le dramaturge, doit inspirer la suspension volontaire de l'incrédulité pour amener le consommateur à acheter. Le prosaïque Wal-Mart est lui-même un théâtre de ce genre, où la taille et la seule masse des marchandises offertes changent la compréhension que le spectateur-consommateur a des choses. De nos jours, la passion dévorante a un pouvoir spectaculaire : l'usage possessif est moins excitant pour le spectateur-consommateur que le désir de choses qu'il n'a pas encore; la dramatisation du potentiel conduit le spectateur-consommateur à désirer des choses qu'il ne saurait pleinement utiliser.

La politique est également théâtrale, et la politique progressiste en particulier requiert une certaine forme de rhétorique. Elle déploie une suspension volontaire de l'incrédulité des citoyens dans leur expérience accumulée. J'ai essayé d'en souligner le côté positif. Mais, comme le marketing des biens de consommation, le marketing du politique peut prendre un tour plus négatif. Ce qui manque à l'espoir d'un changement progressiste, c'est la compréhension du rôle profondément *énervant* que joue l'illusion dans la société moderne. J'avancerai ici un paradoxe, à savoir que les gens peuvent prendre une part active à leur passivité.

Je traiterai de cinq voies par lesquelles le consommateur-spectateur-citoyen est détourné de la politique progressiste vers un état plus passif. La liste n'est guère exhaustive, mais chaque élément naît directement de la culture du nouveau capitalisme dépeinte dans ces pages. Afin de guider le lecteur, voici une liste des cinq voies : le consommateur-spectateur-citoyen (1) se voit offrir des plates-formes politiques qui ressemblent aux plates-formes de produits et (2) des différences plaquées ; (3) est invité à faire peu de cas du « bois tordu de l'humanité » (pour reprendre le mot de Kant) et (4) à faire crédit à une politique plus attentive à l'utilisateur ; (5) à accepter continuellement les nouveaux produits politiques offerts.

La plate-forme politique : la plate-forme Volkswagen est un châssis commun à partir de laquelle de petites différences matérielles voient leur valeur gonflée pour devenir des marques. La politique moderne a unc forme similaire : ce que nous appelons ordinairement la politique du consensus. En Grande-Bretagne aujourd'hui, par exemple, le New Labour et le conservatisme moderne partagent une plate-forme largement standard : bienveillante envers les entreprises, socialement inclusive et ambivalente envers les immigrés. La politique de la plate-forme a opéré de cette façon pendant le plus clair de la seconde moitié du XXᵉ siècle aux États-Unis, jusqu'à l'arrivée du président George W. Bush. Les partis démocrate et républicain paraissaient très différents, mais au pouvoir leur conduite était très proche ; le président Ronald Reagan, prétendument d'extrême droite, a développé la bureaucratie de l'État central, laissé se creuser des déficits keynésiens et poursuivi avec succès une politique de détente avec l'Union soviétique, tandis que le président Bill Clinton a choyé les entreprises, résisté au relèvement du salaire minimal et mené avec vigueur des petites guerres. Les seuls arendtiens pratiquants depuis de longues décennies ont été les tribunaux, dans leurs décisions sur la ségrégation raciale, l'avortement, la criminalité, le logement et la comptabilité des entreprises ; leur œuvre de transformation reste aujourd'hui la cible du second régime Bush[17].

Ce que la simple appellation de politique du consensus n'explique pas, ce sont les forces qui poussent la politique sur un terrain commun. Aujourd'hui, des politologues européens ont qualifié les États-Unis et la Grande-Bretagne de régimes néolibéraux pour indiquer que, dans les deux pays, une plateforme politique centriste a permis un développement économique favorable à la mondialisation, à la flexibilité et à la méritocratie. Cependant, ces forces ne sont guère propres à la sphère anglo-américaine. Elles représentent une progression logique dans d'autres sociétés qui sortent des limites du capitalisme social.

L'élément commun de loin le plus important de cette plateforme est le rôle de l'État. Loin de s'affaiblir, l'État demeure fortement directif. Le centre contrôle l'infusion de ressources aux institutions déléguées et surveille les résultats. Il ne conduit pas au sens wébérien : pouvoir et autorité sont dissociés. Il en va dans les affaires comme en politique : les bureaucraties centralisent toujours plus le pouvoir tout en refusant d'assumer la responsabilité de leurs citoyens. Ce divorce entre pouvoir et autorité, analysé dans le chapitre premier en tant que phénomène économique, est tout sauf politiquement progressiste.

Par *progressiste*, j'entends ici qu'un bon régime politique est un régime dans lequel tous les citoyens se croient liés dans un projet commun. Le capitalisme social créait ce projet commun

17. R. Sennett, « The Common Good », *The Guardian*, 20 mars 2001.

à travers des institutions civiques fondées sur un modèle militaire ; le vice du capitalisme social était la cage de fer de la solidarité. Le nouvel ordre institutionnel fuit toute responsabilité, faisant passer son indifférence pour la liberté des individus ou des groupes de la périphérie ; le vice de la politique dérivée du nouveau capitalisme, c'est l'indifférence.

Le placage : tandis que l'État assume cette nouvelle plate-forme, la rhétorique des partis politiques rivaux doit nécessairement insister sur les différences. En fait, en nous concentrant sur la seule plate-forme en tant que réalité, nous passerions à côté de l'expérience vécue de la vie politique, qui est que l'électorat et les médias sont en réalité excités par les différences. Le placage explique comment cette excitation se produit. La forme la plus simple du placage politique est l'inflation des symboles. En Grande-Bretagne, les partis se sont déchirés sur la question de savoir s'il fallait ou non permettre la chasse à courre aux renards. Près de sept cents heures de débat parlementaire ont été dernièrement consacrés à ce problème, alors que la création d'une Cour suprême au Royaume-Uni n'a été débattue que dix-huit heures durant. L'inflation symbolique de banalités n'a rien de nouveau. Ce qui l'est davantage, c'est la consonance entre la publicité des produits et le comportement politique. Le marketing des personnalités politiques commence à ressembler de plus en plus au marketing des savonnettes, les publicitaires espérant que c'est le placage des petites différences qui retiendra l'attention du public.

Nous sommes tellement habitués à ce passage du consommateur au comportement politique que nous en perdons de vue les conséquences : les traits de personnalité des politiciens n'en finissent pas d'obséder la presse et le public au point de masquer la réalité de la plate-forme consensuelle. Pour ce qui est des résultats politiques, le marketing de la personnalité ne fait qu'inciter davantage à s'abstenir de raconter l'itinéraire du politicien et de dresser son bilan au pouvoir ; c'est trop lassant.

Il ou elle incarne des intentions, des désirs, des valeurs, des croyances et des goûts, et cette insistance a de nouveau pour effet de dissocier le pouvoir de la responsabilité.

La forme la plus grave de placage dans la vie politique moderne réside peut-être dans la recontextualisation. Les publicités pour les automobiles haut de gamme, comme celles de Volkswagen, font d'un produit de plate-forme une marque. Dans la vie politique, les réalités de l'immigration peuvent être recontextualisés puis vendues exactement de la même manière. En Allemagne comme en Grande-Bretagne, le gros des immigrés sont des ouvriers qui paient leurs impôts, faisant le ménage dans les hôpitaux et balayant les rues, c'est-à-dire accomplissant des tâches que les Britanniques ou Allemands de naissance évitent ; afin d'exploiter politiquement leur présence, ces marginaux nécessaires sont « reconditionnés » pour les faire entrer dans la même case que des demandeurs d'asile improductifs. Aux États-Unis, le marquage des immigrés peut se faire autrement. Les travailleurs immigrés, en particulier du Mexique, sont tacitement acceptés parce que, là encore, ils sont nécessaires à une bonne partie de l'économie agricole et des services du pays. Ils deviennent des marques politiques quand ils sont culturellement reconditionnés, ainsi que le fait le gourou politique Samuel Huntington dans son dernier livre à succès, *Qui sommes-nous*[18] ? Les Mexicains seraient partagés dans leurs allégeances entre leur pays d'accueil et leur pays d'origine, ils résisteraient à la culture civique protestante de l'Amérique comme des colonisateurs insidieux agissant par en bas. De même qu'aux renards britanniques, on donne plus d'importance aux Américains d'origine mexicaine que ne le justifie leur rôle dans les vendanges et le balayage des rues.

18. Samuel HUNTINGTON, *Who Are We? The Challenges to America's National Identity*, New York, Free Press, 2004 ; en français, *Qui sommes-nous ? Identité nationale et choc des cultures*, trad. B. Hochstedt, Paris, Odile Jacob, 2004.

Des siècles durant, l'Europe et l'Amérique du Nord ont « plaqué » l'Étranger pour en faire une forte présence effrayante, et aujourd'hui, comme par le passé, l'Étranger est devenu un acteur symbolique sur lequel les gens peuvent projeter toutes sortes d'angoisses. La différence réside dans ce que sont ces angoisses. De nos jours, outre le préjugé pur et ancien et les points comptés sur le plan politique, l'expérience de la bureaucratie instable et à court terme façonne le marquage des immigrés. Dans le domaine du travail, l'Étranger focalise les angoisses de perte d'emploi ou d'inutilité. Ces angoisses prennent sens, on l'a vu, quand l'étranger se trouve réellement à l'étranger, dans un centre d'appel indien ou une société de logiciel ; elles n'en ont aucun, projetées sur le balayeur de rues immigré. Ou plutôt, elles n'ont de sens qu'en imagination : la peur de perdre le contrôle a désormais une cible à portée de main. Et dans ce travail pervers de l'imagination, elle ne voit pas que persécuter les marginaux démunis les plus proches ne contribue guère à rendre sûr son propre travail.

Dans la vie politique, plate-forme et marque se mêlent pour produire autre chose qu'un désir progressiste de changement : plutôt un climat proche de ce que Freud, le premier, a appelé le « narcissisme des petites différences ». Il en va dans la publicité comme en politique : le marquage peut se solder par une déperdition du jugement réaliste, de type Skoda, et ouvrir une porte particulièrement moderne au préjugé.

La troisième raison pour laquelle l'ordre nouveau n'est pas politiquement progressiste tient à la conviction du consommateur que, quoi qu'il en soit, ce n'est jamais assez. Cette conviction opère dans la sphère économique, on l'a vu, quand une société rentable est restructurée pour la faire croître ; qu'elle soit simplement rentable ne suffit pas. Une manière apparentée de suspendre la réalité présente se manifeste dans la quête de talent, quand le testeur se focalise non plus sur le bilan effectif, mais sur une capacité hypothétique. De même, dans la consommation : les monstrueux 4x 4 dévoreurs d'essence qui envahissent les banlieues américaines sont des machines vouées à une liberté imaginaire ; on peut bien être immobilisé dans les embouteillages, mais on a désormais le potentiel pour traverser le désert ou l'Arctique.

L'exaspération suscitée par la réalité existante devrait être progressiste. Mais la leçon que les hommes politiques tirent des institutions de l'arête tranchante tend à être négative. La raison en est que la sphère de l'expérience quotidienne – les menues pertes et gains marginaux qui font le tissu de la vie – est dénigrée. Dans les années 1990, par exemple, un gouvernement américain d'esprit libéral a voulu réformer le système de santé conformément au modèle de l'arête tranchante, considérant les soins comme une série de transactions avec les médecins plutôt que comme des relations de longue durée. La réforme a ignoré la densité des expériences quotidiennes des patients et des médecins, s'agissant des formulaires à remplir ; elle a supposé que des recherches informatisées bien organisées sur le Net pouvaient remplacer l'activité dévoreuse de temps qu'est le diagnostic en face-à-face puis le choix du traitement. Les réalités brouillonnes de la maladie exaspéraient les réformateurs, qui ont préféré traiter les malades en entrepreneurs.

L'exaspération suscitée par le « bois tordu de l'humanité » ne date pas d'aujourd'hui, bien entendu ; elle est en vérité si ancienne qu'il a bien fallu que la politique en tire les leçons ; la politique doit partir du terrain. En fait, l'emprise de la nouvelle pensée institutionnelle, en politique comme en économie, s'en garde bien. Edmund Burke, Kant et d'autres observateurs de la Révolution française ont vu avec horreur comment les révolutionnaires surveillaient et attaquaient les réalités de la vie quotidienne, essayant de redresser le bois tordu ; la réforme moderne est d'un caractère plutôt indifférent ; elle néglige le terrain parce que la vie quotidienne paraît purement provisoire.

Mon quatrième souci est que, quand les citoyens se conduisent comme les consommateurs modernes, ils cessent de penser en artisans. Ce souci complète l'inattention du responsable politique, mais plus finement ; le citoyen-consommateur peut se désengager quand les questions politiques deviennent difficiles ou résistantes. On en fait habituellement le reproche aux médias : le responsable politique digne et guindé lasse, tandis que la personnalité brillante gagne des voix à la télé. Le problème devrait être plutôt d'organiser l'attention.

Pour ce qui est du travail, le bon artisan est plus qu'un mécanicien. Il veut comprendre pourquoi un bout de bois ou un code informatique ne fait pas l'affaire ; du coup, le problème devient accaparant et suscite ainsi un attachement objectif. Cet idéal se réalise dans un métier traditionnel comme la fabrication d'instruments de musique, mais aussi dans un cadre plus moderne tel qu'un laboratoire scientifique. Mais c'est aussi le cas dans une entreprise bien gérée : loin de vouloir fuir les problèmes, on y prête attention. Dans la consommation, cependant, il est difficile de penser en artisan, comme Zukin le prône. Vous achetez parce qu'un article est convivial, ce qui signifie habituellement que l'utilisateur n'a pas à se soucier de savoir comment fonctionne l'objet en question, voiture ou ordinateur. Le gourou de l'informatique John Seely Brown reflète cette division entre fabricant et consommateur quand il soutient que le défi commercial des gadgets électroniques modernes est d'« évacuer la technologie » : les nouveaux appareils devraient être techniquement aussi engageants et faciles d'utilisation qu'un téléphone.

Naturellement, nul n'a envie de commencer sa journée en reprogrammant l'ordinateur. Mais la convivialité qui facilite la tâche de l'utilisateur ruine la démocratie. La démocratie requiert que les citoyens soient prêts à faire un effort pour découvrir comment fonctionne le monde autour d'eux. Parmi les Américains partisans de la dernière guerre du Golfe, par exemple, peu avaient envie de s'informer sur l'Irak (la plupart étaient même incapables de situer le pays sur une carte). La chose est tout aussi frappante à l'autre extrême du spectre politique : parmi les partisans de la recherche sur les cellules souches, peu ont eu la curiosité d'entendre les arguments avancés contre cette recherche par les théologiens catholiques. Dans les deux cas, le citoyen-artisan consentirait l'effort pour se faire une idée; quand la démocratie prend modèle sur la consommation, facilite la tâche de l'utilisateur, cette volonté de savoir faiblit.

Mon propos n'est pas que les gens sont paresseux, mais que l'économie crée un climat politique dans lequel les citoyens ont du mal à penser en artisans. Dans les institutions organisées autour du travail flexible, à s'impliquer outre mesure dans quelque chose le travailleur risque de paraître replié sur lui-même ou étriqué. Encore une fois, dans les tests de capacité, quelqu'un qui se montre trop curieux d'un problème spécifique échouera au test. La technologie elle-même travaille désormais contre l'engagement.

L'iPod, ai-je observé, désempare l'utilisateur par sa surcapacité même; la surabondance d'information engendrée par la technologie moderne menace plus largement de rendre passifs ses récepteurs. La surcharge mène au désengagement. John Seely Brown fait encore une distinction utile à cet égard entre information et communication. Un volume écrasant d'information, suggère-t-il, n'est pas un problème « innocent »; de grosses quantités de données brutes créent un fait politique : le contrôle devient plus centralisé à mesure que le volume augmente[19]. Dans la communication, en revanche, le volume de l'information décroît à mesure que les individus interagissent et interprètent; la mise en forme et l'élimination sont les deux procédures qui décentralisent la communication.

---

19. John Seely BROWN et Paul DUGUID, *The Social Life of Information*, Boston, Harvard Business School Press, 2000.

Cette idée, qui peut paraître contre-intuitive, prend tout son sens quand on envisage la communication en termes bureaucratiques. Dans la pyramide bureaucratique (cf. le chapitre premier), l'information venue d'en haut est filtrée, mise en forme et particularisée à mesure qu'elle descend la chaîne de commandement ; les gens communiquent sur l'information. Dans l'institution de type MP3, de grandes masses de données sont centralisées, ordonnées et mises en circulation sous une forme inaltérée. L'information demeure intacte à l'écran, sous forme d'e-mail ou de données numériques. Le volume de cette information allant croissant – tel a été le cas au cours de la dernière génération –, le récepteur peut moins y réagir, en fait il s'en désengage sur le plan interprétatif. De surcroît, une transaction sous forme de texte-message ne ressemble guère à une conversation ; son langage est plus primitif, et les silences qui marquent le doute ou l'objection, les gestes ironiques, les digressions momentanées – tout ce qui fait une communication mutuelle – se trouvent éliminés par la technologie. Rigoureusement institutionnalisée, la technologie ruine le métier de la communication.

Une dernière raison pour laquelle l'économie politique moderne ne fait pas le jeu de la politique progressiste concerne la confiance. De solides données empiriques corroborent le cliché suivant lequel les gens ont perdu confiance dans la politique et les hommes politiques. Nombre de ces derniers reprochent à leur tour au public son cynisme. Sous cet antagonisme mutuel se dissimule la question de savoir *comment* les hommes politiques gagnent la confiance ; je soutiendrai qu'ils ne peuvent le faire en se conduisant comme des chefs d'entreprise sur l'arête tranchante.

Pour l'expliquer, je prie le lecteur de bien vouloir me pardonner d'évoquer ici mon expérience personnelle du parti travailliste. Je suis arrivé en Grande-Bretagne lorsque le Labour a accédé au pouvoir. Pendant toute une génération, il s'était évertué à se défaire de son passé socialiste ; le New Labour entendait prendre modèle sur les sociétés de service *high-tech* ou avancées, en tirant les leçons de leurs succès. Je suis entré en scène de manière informelle dans le domaine des relations sociales, puisque je venais d'achever mon mandat de président de l'American Council on Work, organisation *ad hoc* de dirigeants syndicaux, d'universitaires et d'hommes d'affaires.

Sitôt au pouvoir, le New Labour s'est mis à vendre *(spinning out)* sa politique de réforme. Les politiques initiales, s'agissant du travail, étaient bonnes : formation professionnelle et conseil, sécurité industrielle, problèmes famille/travail. Toutes les questions étaient abordées de front. Chaque année a vu cependant son lot de politiques nouvelles, ou différentes, qui réformaient les politiques précédentes, lesquelles réformaient le gâchis dont le Labour avait hérité. Les politiques ne cessant de se renouveler, la confiance de l'opinion s'est effritée. Au sein des conseils mis en place par le gouvernement, l'élaboration de politiques toujours nouvelles apparaissait comme un effort pour tirer les leçons des actions précédemment menées ; pour l'opinion, en revanche, l'usine à politiques semblait indiquer que le gouvernement était insuffisamment attaché à une ligne de conduite particulière. Lors d'une réunion sur le salaire minimum, un responsable syndical me demanda d'un ton lugubre : « Qu'est devenue la politique de l'an passé ? » On a vu le même déferlement de politiques dans les domaines de l'éducation et de la santé avec, à la clé, le même désenchantement. Avant même que le Premier ministre n'aille contre les vœux du pays en faisant la guerre en Irak, les sondages indiquaient que le Labour souffrait d'un grave problème de confiance.

Paradoxalement, la seule politique du New Labour qui, tout au long des huit premières années, ait continué d'inspirer confiance à l'opinion est la politique économique supervisée par le Trésor : moins féconde, elle a cependant été plus stable dans ses idées. Le fait est paradoxal tant la fabrique de la réforme était calquée sur ce que les ministres tenaient pour des pratiques d'entreprise avancées. Ainsi qu'on l'a vu au chapitre premier, ces pratiques nourrissent l'inquiétude : une sorte d'« inquiétude ontologique » pour reprendre l'expression de la psychanalyste Margaret Mahler. Il n'y a là aucun jargon : il s'agit simplement de décrire la crainte de ce qui arrivera même si aucun désastre ne se profile. Ce genre d'angoisse est aussi qualifié de flottante pour indiquer qu'on continue de se ronger les sangs quand bien même on n'a rien à craindre dans une situation spécifique.

Le Labour a suscité cette angoisse flottante alors même que, dans l'ensemble, ses politiques *marchaient*. David Walker et Polly Toynbee l'ont montré dans une étude détaillée : au cours de ses huit premières années de pouvoir, le New Labour a régulièrement amélioré le sort de la plupart des Britanniques[20]. Mais pour l'opinion dans son ensemble, du moins telle que les sondages permettent de la suivre, ces réels progrès n'étaient pas rassurants. En qualité d'étranger travaillant en Grande-Bretagne, j'ai été tout spécialement perturbé par l'attitude d'un groupe de jeunes travailleurs au chômage qui suivaient un programme de recyclage. Il n'existe rien de comparable aux États-Unis, mais ces jeunes gens étaient incapables de faire le lien entre les attentions qu'on leur prodiguait et le gouvernement qui avait rendu cette formation possible; la plupart se disaient déçus par le Labour.

Je reconnais volontiers que la Grande-Bretagne du New Labour est un cas particulier. Ce genre d'insatisfaction ferait l'envie de la plupart des pays. Mais je le cite précisément parce que l'État britannique est un modèle progressiste. Cependant, ses bénéficiaires sont toujours moins nombreux à lui faire crédit de quelque progrès. Les hommes politiques avec qui j'ai

20. Polly TOYNBEE et David WALKER, Londres, Bloomsbury, 2005.

travaillé qualifiaient ces réactions d'« ingrates »; pour les critiques des médias, les personnalités du New Labour ne les avaient pas volées parce qu'ils étaient « coupés des réalités ». Il paraît plus judicieux de comprendre les problèmes auxquels se sont heurtés les hommes politiques en termes de consommation. Le New Labour s'est conduit comme un consommateur de politiques, les abandonnant comme si elles perdaient toute valeur dès lors qu'elles existent. Cette passion dévorante ruine la confiance dans le gouvernement : l'opinion ne saurait se convaincre que le responsable politique ait jamais cru à la politique qu'il a prônée pour la délaisser aussitôt.

Dans le domaine politique comme en affaires, cette mentalité consumériste s'inscrit parfaitement dans le cadre des nouvelles institutions. Dans la politique comme dans les affaires, la pensée à court terme prime sur le *processus*. Les formes de croissance plus lentes et plus durables sont suspectes. Dans les institutions économiques, les soudaines embardées politiques suscitent insécurité ontologique et angoisse flottante; il en va de même sur la scène politique. C'est très logiquement que les gens transposent dans la sphère politique les méfiances et le malaise que leur inspire le changement économique, pour en inférer que les hommes politiques sont à la dérive ou manquent de conviction. Quand des hommes politiques progressistes, en particulier, pensent et se conduisent comme des consommateurs, ils risquent de s'autodétruire ou d'inspirer le malaise et l'aigreur qui accompagnent même les admirables réformes politiques en cours en Grande-Bretagne.

*

Voilà donc cinq raisons pour lesquelles, au total, le nouveau modèle institutionnel n'encourage pas la politique progressiste, quand bien même ses dirigeants sont animés de bonnes intentions. La science politique jugerait probablement que la cassure entre pouvoir et autorité est la plus lourde de conséquences. Quant à moi, il me semble que la culture de la vie institutionnelle émergente joue un rôle tout aussi important. La passion dévorante s'inscrit parfaitement dans cette culture, tout comme le concept méritocratique de talent et le moi idéalisé qui évite la dépendance à long terme envers les autres. Ce sont là des formes culturelles qui célèbrent le changement personnel, mais pas le progrès collectif. La culture du nouveau capitalisme est au diapason des événements singuliers, des transactions exceptionnelles, des interventions ; pour progresser, un régime politique a besoin de se nourrir de relations durables et de l'expérience accumulée. Bref, la dérive anti-progressiste de la nouvelle culture réside dans la forme qu'elle donne au temps.

Est-ce à dire qu'il n'y a rien à faire ?

4.

Le capitalisme social aujourd'hui

Il y avait bien des bêtises dans la Nouvelle Gauche de ma jeunesse, voici cinquante ans, mais d'une certaine façon, ce mouvement s'est révélé prescient ; la Déclaration de Port Huron prévoyait comment le socialisme étatique pouvait dépérir de l'intérieur. Le socialisme suffoquerait sous le poids de la bureaucratie. Le capitalisme resterait, et resterait le problème.

Ainsi que je me suis efforcé de le montrer dans ces pages, la grande bureaucratie peut lier aussi bien qu'opprimer. Cela a été longtemps vrai des armées ; Max Weber a vu comment, de son temps, les institutions économiques et celles de la société civile imitaient la structure sociale des armées en quête d'inclusion sociale et de soumission à l'autorité. Le secret de ce capitalisme militarisé réside dans le temps : le temps structuré de telle façon que les individus forment un récit de vie et des relations sociales au sein de l'institution. Les individus pouvaient payer ce temps organisé de leur liberté ou de leur individualité ; la « cage de fer » était tout à la fois prison et foyer.

Le socialisme d'État, tel qu'il s'est développé dans l'Empire soviétique après 1923, a assumé presque allègrement cet héritage militaro-capitaliste. Il a imaginé que l'ennemi capitaliste résidait dans les profits et les marchés plutôt que dans la bureaucratie. Comme son ennemi, l'empire avait besoin de solidarité et de subordination : la bureaucratie est devenue aussi le foyer et la prison du socialisme. Il est paradoxal que la Nouvelle Gauche s'en soit pris dans les années 1960 au Béhémot militaro-capitaliste et socialiste en pleine décennie de triomphe bureaucratique, alors que les usines de l'empire soviétique devenaient enfin aussi productives que leurs homologues de l'Ouest. Avec le recul, les soixante premières années du XXe siècle apparaissent comme l'ère de la machine militaire, violente et destructrice sur le champ de bataille, mais triomphante à l'usine et au bureau. Quand le président américain Dwight Eisenhower parlait du « complexe militaro-industriel », son image s'appliquait plus largement qu'à la manufacture d'armes.

La Nouvelle Gauche espérait que le Béhémot dépérirait de l'intérieur parce que c'était une prison. Perversement, l'histoire contemporaine a commencé d'exaucer ce vœu, mais pas des manières radicales dont rêvait ma jeunesse. Au cours des trois dernières décennies, la bureaucratie s'est réorganisée dans les secteurs économiques avancés de la finance mondiale, de la technologie, des médias et du marchandisage. Cette poussée de croissance mondiale a sans doute procuré de nombreux bénéfices, mais certainement pas une meilleure qualité de vie institutionnelle. Les nouvelles institutions, nous l'avons vu, ne sont ni plus petites ni plus démocratiques; le pouvoir centralisé s'est plutôt redéployé, au prix d'une scission du pouvoir et de l'autorité. Les institutions n'inspirent qu'une faible loyauté, elles réduisent la participation et les échelons intermédiaires de commandement, elles engendrent de faibles niveaux de confiance informelle et de forts niveaux de crainte de devenir inutile. Au cœur de cette dégradation sociale, se trouve un cadre temporel institutionnel abrégé; l'arête tranchante a tiré parti de relations humaines superficielles. Ce même cadre raccourci a désorienté les individus dans leurs efforts pour planifier stratégiquement le cours de leur vie et estompé la force disciplinaire de l'ancienne éthique du travail fondée sur une gratification différée.

Voilà pour une liste des effets négatifs. Les effets positifs invoqués par ces changements institutionnels sont les qualités du moi qui pourraient permettre aux individus de s'épanouir quand la vie institutionnelle devient plus superficielle. Ces qualités sont la répudiation de la dépendance, le développement de son potentiel, la capacité de dépasser la possessivité. Ces qualités nous conduisent hors du champ de la production, dans les institutions de l'État-providence, de l'éducation et de la consommation. L'arête tranchante de la réforme en cours, j'ai tenu à le souligner, est étroite ; la plupart des gens continuent de travailler dans des conditions que Weber eût parfaitement comprises. Mais l'extension des nouvelles valeurs est large. Les effets positifs invoqués par l'ordre nouveau promettent de réaliser le projet méritocratique et d'offrir un modèle de réforme progressiste.

À la prison du gigantisme, la Nouvelle Gauche proposait un remède culturel. La déclaration émotionnelle, faite en face-à-face, en petits groupes, accoucherait d'un ordre plus humain ; les leçons de l'intimité s'appliqueraient à l'ensemble de la société. Bien entendu, cette échelle est le territoire naturel d'un jeune, et naturellement ça ne peut pas durer ; avec l'âge adulte, sa subjectivité devient peut-être encore plus déroutante. Et ce que la Nouvelle Gauche avait pu apprendre de Bismarck, ou du service militaire, est que de solides liens sociaux peuvent se tisser dans des conditions complètement impersonnelles.

Pour autant, je ne pense pas que les rêveurs de ma jeunesse caressaient l'idée fausse d'élever la vie matérielle en norme culturelle. Le lecteur l'aura peut-être deviné : j'ai été au nombre de ces rêveurs juvéniles. La voie normale de l'« éducation sentimentale » conduit l'adulte à se résigner toujours plus au fait que la vie, tel qu'elle est effectivement menée, s'accorde bien peu avec ses rêves. L'étude ethnographique des ouvriers et de leur travail m'a détourné de cette voie. Les gens que j'ai interrogés, surtout au cours de la décennie passée, sont trop inquiets et perturbés, trop peu résignés à leur destin incertain sous l'égide du changement. Ce dont ils ont le plus besoin, c'est d'un ancrage mental et émotionnel ; ils ont besoin de valeurs qui permettent d'évaluer si les changements touchant le travail, les privilèges et le pouvoir en valent la peine. Bref, ils ont besoin d'une culture.

Je voudrais conclure ce livre en évaluant trois valeurs critiques – le fil narratif, l'utilité et le métier – de nature à créer un ancrage culturel.

Le fil narratif

Les institutions de l'arête tranchante, avec leur cadre temporel bref et erratique, privent les individus de tout sentiment d'une *progression narrative*. Ce qui signifie tout simplement que les événements inscrits dans le temps s'enchaînent, que l'expérience s'accumule. Au cours de la décennie passée, j'ai été impressionné par trois tentatives novatrices afin de créer ce sentiment de lien narratif au travail.

La première, ce sont les efforts déployés en Grande-Bretagne et aux États-Unis pour façonner des « institutions parallèles » qui cherchent à donner aux travailleurs la continuité et la durabilité qui manquent dans les organisations flexibles et à court terme. Tout l'effort vise à repenser la nature des syndicats. L'idée est que le syndicat serve d'agence pour l'emploi, en réservant des postes de travail ; le syndicat achète des pensions et des soins de santé pour ses adhérents ; qui plus est, il apporte la communauté qui fait défaut sur le lieu de travail, organisant des crèches, des débats et des événements.

Les secrétaires, à Boston, et les travailleurs des communications, en Grande-Bretagne, ont essayé de mettre en place des institutions parallèles de ce genre.

Ce faisant, ces employeurs d'un nouveau genre défient les syndicats traditionnels et sclérosés. Le syndicat conservateur était centré sur une industrie ou un métier particulier et était donc mal armé pour garder le contact avec des travailleurs qui doivent passer d'un type de travail à l'autre. En revanche, un syndicat plus tourné vers l'avenir comme l'United Auto Workers, en Amérique, recrute de jeunes universitaires. Les syndicats traditionnels concentrent le gros de leurs énergies sur les salaires et les conditions matérielles ; le syndicat des secrétaires de Boston met l'accent sur les besoins collectifs des femmes et des parents célibataires. Le service et l'ancienneté étaient les marques distinctives du vieux capitalisme social, et les syndicats conservateurs s'en tiennent à ce cadre temporel. Le syndicat parallèle s'efforce de dérouler un fil narratif d'expérience, comme dans ses activités d'agence pour l'emploi, au profit de gens qui n'ont pas encore les cheveux gris.

La deuxième façon de filer l'expérience au fil du temps réside dans le partage du travail. Ici, les pionniers ont été les Hollandais. Les Pays-Bas n'ont pas moins souffert que les États-Unis de la délocalisation et de la disparition du travail au profit du monde en développement. La réponse hollandaise a consisté à imaginer un système dans lequel le travail disponible est divisé en deux ou trois. Le système du réseau de travail reste largement ouvert, de sorte qu'une personne puisse ne pas travailler seulement à temps partiel si les conditions du marché le permettent. Les Hollandais, qui sont les Européens les plus portés à se déchirer, ont trouvé beaucoup à redire à la façon dont fonctionne le partage du travail, mais le principe est accepté ; et mis en œuvre, ce système a donné au patronat un outil utile dans une économie instable, et à la société un outil d'inclusion sociale.

Le partage du travail offre un cadre narratif d'un genre particulier. Une personne est continuellement au travail, sur le long terme. Cela évite l'angoisse à répétition des contrats à court terme : tantôt je suis engagé, tantôt je suis sur la touche. L'amour-propre lié au fait d'avoir du travail subsiste, même si l'on ne travaille qu'une partie de la semaine ou de la journée. Le partage du travail a l'avantage supplémentaire de permettre d'organiser les relations famille/travail, en particulier pour ce qui est des enfants, sur une base raisonnable et prévisible.

La troisième manière de façonner le temps dans de nouvelles conditions peut permettre aux gens de planifier à long terme. L'idée a germé voici une dizaine d'années dans l'esprit de quelques universitaires de gauche et se fraie désormais un chemin dans le monde réel.

La version radicale, prônée par Claus Offe et van Parijs, était un système de « revenu de base » qui remplacerait les bureaucraties de la protection sociale en Europe du Nord par un système plus simple qui donne à chacun, riche comme pauvre, le même revenu de base *(income support)* à dépenser ou à dilapider à sa guise. Tous les individus pourraient acheter de l'éducation, des soins de santé et des pensions sur le marché ; de plus, les indemnités de chômage disparaîtraient, puisque chacun percevrait le revenu annuel minimal nécessaire pour subvenir à ses besoins. Les impôts permettent d'assurer à tous un niveau minimum de qualité de la vie, mais l'État-nounou disparaît ; si vous dilapidez votre revenu, c'est votre problème. De surcroît, tout le monde touche ce revenu de base, qu'il en ait besoin ou non ; le test des moyens disparaît.

Ces idées toniques faisant leur chemin dans le monde réel, la promesse de donner aux gens les moyens de planifier leur vie personnelle à long terme est passée au premier plan. La proposition radicale de revenu de base a débouché sur l'idée de capital de base : autrement dit, on donnerait à chaque jeune adulte une cagnotte à utiliser pour l'éducation, pour acheter une maison ou encore à garder comme pécule en prévision de temps difficiles. Le juriste américain Bruce Ackerman a joué un rôle décisif dans cette évolution. L'idée a trouvé une traduction dans la législation britannique, qui pourvoira ainsi aux besoins des jeunes, même si la cagnotte a été remplie d'une main frugale digne d'un presbytérien écossais.

Ces initiatives s'attaquent toutes trois à une rude réalité : l'insécurité n'est pas seulement une conséquence involontaire des soubresauts du marché ; l'insécurité est plutôt programmée dans le nouveau modèle institutionnel. Autrement dit, l'insécurité n'est pas quelque chose qui *arrive à* un nouveau style de bureaucratie ; elle est *induite*. Ces efforts et d'autres de même nature visent à contrebalancer ce programme sans revenir aux rigidités de temps caractéristiques de l'organisation capitaliste sociale d'antan.

Les politiques tournent autour d'un pivot culturel, qui concerne le récit lui-même. Si l'intrigue bien construite est passée de mode dans la fiction, c'est une rareté dans la vie ordinaire ; les histoires de vie sont rarement équilibrées. En ethnographie, on se soucie en vérité moins de la cohérence des histoires que les gens nous racontent que de l'effort de nos sujets pour donner une cohérence à leur expérience. Ce n'est pas un effort exceptionnel. Souvent, un sujet va re-raconter et réorganiser un événement, parfois en disloquant une histoire apparemment logique en éléments déconnectés, afin de voir ce qui se cache sous la surface. Dans le jargon technique, on parle d'« agent narratif », le narrateur s'impliquant activement et interprétant son expérience.

Dans les nouvelles institutions, les gens peuvent succomber au sentiment de n'avoir aucune action narrative ; autrement dit, ils manquent du pouvoir d'interpréter ce qui leur arrive. Nous en avons vu une raison concrète ; dans les nouvelles institutions, quand on écrème les couches bureaucratiques intermédiaires, l'information peut demeurer intacte quand elle passe du centre à la périphérie, avec relativement peu de modulation. Les gens sujets à ce processus se plaignent souvent de n'avoir aucune voix, aucune possibilité de « prise de parole », comme dit Albert O. Hirschman, au sein de l'institution.

Voilà donc trois expériences qui donnent aux individus, culturellement, plus de latitude pour interpréter leur expérience dans le temps, sur la longue durée. En tant que politiques, ces expérimentations sont d'échelle modeste, mais en tant que pratiques culturelles, elles sont largement suggestives.

Utilité

Se sentir utile signifie apporter quelque chose qui compte pour les autres. Alors que le champ de l'utilité s'est élargi dans l'économie politique, on pourrait croire que les gens seraient à même de compenser les relations moins formelles de la société civile. Un programmeur d'âge mûr, qui se fait donc prétendument vieux, par exemple, pourrait trouver une activité utile dans une organisation communautaire ou paroissiale. C'est là une approche qui découle des écrits de Robert Putnam sur le capital social, où l'élément déterminant est la participation volontaire. Si le volontariat est certainement un acte digne, cette approche risque de réduire l'utilité à un hobby.

Dans deux domaines, apparaissent des valeurs plus conséquentes pour l'utilité : parmi les travailleurs rémunérés du service public et chez ceux qui accomplissent des tâches domestiques non rémunérées.

Voici quelques années, j'ai participé à un projet d'entretien auprès des employés des services publics en Grande-Bretagne, toutes activités confondues, des balayeurs de rue aux chirurgiens des hôpitaux publics[1]. Une génération durant, comme

1. R. Sennett, « The Common Good », *The Guardian*, 20 mars 2001.

leurs homologues américains, on s'en était pris à eux, on s'était gaussé de l'inefficacité de leurs institutions tout en les dénigrant comme des gens incapables de s'en tirer dans le privé. Nombre des gens avec qui nous avons parlé étaient aussi portés à l'autocritique ; ils savaient de l'intérieur combien ces pyramides bureaucratiques publiques étaient rigides et opposées au risque. Malgré ces critiques, cependant, ils restaient dans le secteur public. Notre question était donc : pourquoi ?

Pour ma part, j'ai dû interroger des travailleurs immigrés qui changent les bassins hygiéniques dans les hôpitaux publics ; ils auraient pu gagner plus dans des cliniques privées mieux gérées. Si ces aides hospitaliers restaient, c'était pour une question de statut. La mission du National Health Service – des soins pour tous – force le respect de la plupart des Britanniques ; pour ces immigrés, l'institution leur donnait une place positive, institutionnelle au sein de la société britannique.

Le *statut* ou le *rang (status)* est peut-être le mot le plus insaisissable du lexique des sociologues. On l'emploie souvent en synonyme de snobisme, mais il possède une valeur plus profonde qui a trait à la légitimité. Vous possédez un statut quand des institutions vous confèrent une légitimité. Le fait d'être utile entre dans ce cadre : plus que de bien faire en privé, c'est une manière d'être publiquement reconnu.

Une autre série d'entretiens a fait apparaître le même sentiment chez des sous-officiers de l'armée de terre, qui restaient plutôt que de profiter d'horaires plus légers dans des sociétés de sécurité privées. Les intervieweurs d'une autre branche du projet se sont entretenus avec des employés plus haut placés dans la fonction publique. Si, à la question « Pourquoi restez-vous ? », ils reçurent des réponses verbalement plus élaborées, cela revenait au même : davantage de reconnaissance de son travail dans le public que dans le privé. Naturellement, il y a des fainéants, surtout dans les transports britanniques. Même là, nous avons constaté que leurs pairs exerçaient une forte pression sur les paresseux ou les opportunistes; leurs collègues irrités attachaient un grand prix au professionnalisme, autre parent du statut. Et alors que les conditions prévalant au Trésor public ou dans les services du ministère de l'Intérieur peuvent conduire un homme ou une femme à se mettre à boire, la mission de ces institutions explique que le travail importe aux yeux de l'opinion et a donc du sens pour ceux qui le font.

Le volontariat est bien entendu un acte méritoire. En l'occurrence, cependant, l'État confère un statut à ceux qui font un travail utile. Ce faisant, l'État acquiert une autorité. Comme nous l'avons vu, les institutions de l'arête tranchante s'écartent des problèmes d'autorité et de légitimité – deux problèmes qu'elles sont incapables de traiter. Et pour cette raison, sociale, une politique véritablement progressiste chercherait, à mon sens, à renforcer l'État-patron plutôt qu'à déléguer des missions de service public à des sociétés privées.

Dès lors que nous avons une vision positive de l'État en tant que source d'activité légitime et utile, une politique progressiste pourrait s'occuper de ces gens qui accomplissent des tâches utiles dans les familles, des mères élèvent leurs enfants, des adultes qui prennent en chargent des parents âgés. De mon point de vue, l'État devrait les rémunérer. L'idée de Putnam est que les « volontaires » pour assumer les corvées de l'amour représentent le test ultime du capital social. Cette façon de penser pèche en ce qu'elle assimile l'utilité à l'altruisme. Les soins peuvent être empreints d'affection, mais le travail lui-même n'a pas de reconnaissance publique, et nombre des hommes et des femmes qui le font ont le sentiment d'être sortis de la société adulte de leurs pairs. Si l'État rémunérait ces soins, ils ne travailleraient pas dans ces limbes.

En pratique, les soins en tous genres représentent une énorme tranche de temps et d'effort dans l'économie domestique. L'économie en a traditionnellement profité en enfonçant un coin entre les soins rémunérés et ceux qui ne le sont pas.

Aujourd'hui, l'expansion du troisième âge associée au désir de nombreuses femmes de faire carrière à l'extérieur a perturbé ce vieil équilibre. Ces deux changements ont ouvert de nouvelles possibilités à la main-d'œuvre immigrée en ce domaine. Mais le fait que les personnes âgées et les jeunes aient besoin de soins que seuls peuvent offrir, tant émotionnellement qu'en pratique, les membres de la famille, contrarie cette tendance. Une politique réellement progressiste, me semble-t-il, rendrait la chose possible aux hommes aussi bien qu'aux femmes.

Si seulement les réformateurs pouvaient accepter que l'utilité est un bien public, ils pourraient contrer l'inquiétude et la peur de l'inutilité que nourrissent les secteurs les plus dynamiques de l'économie moderne. Pour les raisons que j'ai présentées dans mon deuxième chapitre, le culte de la méritocratie a peu de chances d'apaiser ces angoisses ; l'exploration des nouvelles manières que les gens ont de se rendre utile doit être plus inclusive. L'utilité elle-même est davantage qu'un échange utilitaire. C'est une déclaration symbolique qui n'a jamais tant d'importance que lorsqu'elle vient de l'État, car elle peut aller jusqu'au dernier des employés du secteur public – à la différence de ceux qui demeurent dans la sphère domestique.

Métier

La troisième valeur qui pourrait contrer la culture du nouveau capitalisme, c'est le métier. Il représente le défi le plus radical, mais il est aussi le plus dur à imaginer en termes politiques.

Le métier, au sens large, désigne le désir de bien faire quelque chose pour bien faire. Tous les êtres humains veulent la satisfaction de bien faire quelque chose et veulent croire à ce qu'ils font. Au travail, pourtant, dans l'éducation, dans la vie politique, l'ordre nouveau ne satisfait pas et ne peut satisfaire ce désir. Le nouveau monde du travail est trop mobile pour que le désir de bien faire pour bien faire s'enracine dans l'expérience d'une personne au fil des ans ou des décennies. Le système éducatif qui forme les individus au travail mobile privilégie la facilité aux dépens de l'approfondissement. Imitant la culture de l'arête tranchante qui a cours dans les institutions privées, le réformateur politique se conduit plus comme un consommateur toujours en quête de nouveau qu'en artisan fier et attaché à ce qu'il a fait.

Le métier défie le moi idéalisé que supposent les nouvelles institutions politiques, éducatives et professionnelles. C'est un moi rompu au changement, maîtrisant le processus. À ses origines, des psychologues tels qu'Abraham Maslow ont célébré cet idéal du moi : réactif, ouvert à l'expérience, capable de croître, plein de potentiel. Ce moi idéalisé a en effet de vraies forces, et le domaine de l'artisan, à certains égards, est plus restreint et plus protégé. Le souci de bien faire mobilise des éléments obsessionnels du moi ; bien faire quelque chose peut alors déboucher sur une sorte de possessivité qui manque de générosité. La concurrence n'est pas étrangère au métier et les bons artisans, qu'ils soient programmeurs, musiciens ou menuisiers, peuvent se montrer très intolérants envers les confrères incompétents ou, tout simplement, ceux qui ne sont pas bons.

Malgré tout, le métier possède une vertu cardinale qui manque au travailleur, à l'étudiant ou au citoyen idéalisé de la nouvelle culture : l'attachement. Il ne s'agit pas simplement du souci obsessionnel de bien faire caractéristique de l'artisan compétitif : plus encore, il croit à la valeur objective de son travail. Une personne ne peut employer les mots « bien » ou « correct » en décrivant comment une chose est faite que si elle croit à l'existence d'une norme objective hors de ses désirs, en vérité hors de la sphère des gratifications reçues des autres. L'esprit du vrai métier est de bien faire une chose, quand bien même elle ne doit rien vous rapporter. Et seule cette forme d'engagement désintéressé – c'est du moins ma conviction –

est de nature à remonter les gens ; sans quoi, ils succombent dans la lutte pour survivre.

Nous avons vu pourquoi l'engagement ne cesse de se raréfier toujours plus dans le nouveau capitalisme, en termes de loyauté institutionnelle. Le sentiment serait irrationnel : comment s'attacher à une institution qui n'est pas attachée à vous ? L'engagement est tout aussi difficile dans la recette du talent de la nouvelle culture. La mobilité mentale exclut une trop forte implication ; la capacité se focalise sur la technique opérationnelle, comme dans les tests SAT, exercice qui consiste à résoudre le problème plutôt qu'à le découvrir. Ce qui signifie qu'on se désengage de la réalité qui échappe à son contrôle.

L'engagement pose une question plus profonde à propos du moi comme processus. Qui dit engagement dit fermeture, renoncement à des possibilités pour se concentrer sur une chose. Il y a toujours un risque de perdre. La culture émergeante soumet les individus à de très fortes pressions pour qu'ils ne perdent pas. Plutôt que la fermeture, la culture conseille la reddition : rompre les amarres pour être libre, en particulier les liens tissés au fil du temps.

Ce que j'ai cherché à explorer au fil de ces pages est donc un paradoxe : un nouvel ordre de pouvoir acquis à travers une culture toujours plus superficielle. Puisque les gens ne peuvent s'ancrer dans la vie qu'en tâchant de bien faire quelque chose dans le seul but de bien le faire, le triomphe de la superficialité au travail, dans les écoles et en politique, me paraît fragile. En vérité, notre prochaine nouvelle page sera peut-être la révolte contre cette culture débilitée.

Table

Pour l'éditeur, le principe est d'utiliser des papiers composés de fibres naturelles, renouvelables, recyclables et fabriquées à partir de bois issus de forêts qui adoptent un système d'aménagement durable.

En outre, l'éditeur attend de ses fournisseurs de papier qu'ils s'inscrivent dans une démarche de certification environnementale reconnue.

Imprimé en Espagne, par LITOGRAFIA ROSÉS (Gava)
HACHETTE LITTÉRATURES - 31 rue de Fleurus - 75006 PARIS
Collection n° 25 - Édition 01
Dépôt légal : 05/2008